Beginne Dein Abenteuer

Beginne Dein Abenteuer

*Wie Du Dein Leben verändern
und neben Deinem Job
mit Deinem eigenen Unternehmen
ganz einfach in 3 Schritten loslegen kannst*

Tobias Theel

Bibliografische Information der Deutschen Nationalbibliothek: Die Deutsche Nationalbibliothek verzeichnet diese Publikation in der Deutschen Nationalbibliografie; detaillierte bibliografische Daten sind im Internet über dnb.dnb.de abrufbar.

Herstellung und Verlag: BoD – Books on Demand, Norderstedt

ISBN-13: 9783753481838

Widmung

Dieses Buch ist den Menschen gewidmet, die mich
während der herausforderndsten Episode meines Lebens
in Zeiten von COVID-19 unterstützt haben:
meiner Frau und meiner Tochter,
meinen Eltern und meiner Schwiegermutter,
sowie meiner Familie.

Inhaltsübersicht

Für wen ist dieses Buch gedacht?

Wir alle wissen, dass wir manchmal handeln müssen, aber dann fällt es uns vielleicht schwer, dies zu tun. Ich habe Dutzende, ja fast Hunderte von Büchern gelesen und Kurse belegt, wie ich mein Leben ändern kann, und doch hat nichts bei mir effektiv und nachhaltig funktioniert. Was habe ich falsch gemacht?

Ich habe im Laufe der Jahre viel gelernt, aber das war nicht immer einfach für mich. Das Leben hält einen nie davon ab zu lernen, auch wenn man einem klar vorgegebenen Plan folgt. Denn der beste Weg zu lernen ist Fehler zu machen. So kommen die Lösungen für deine Fragen immer ganz natürlich zu dir. Du musst deine eigenen Fehler machen, um lernen zu können, was für dich richtig ist.

In diesem Buch habe ich einige meiner Lieblingswege zusammengestellt, die dir helfen, den für Dich passenden Weg zu deinem Traum zu ebnen.

Gibt es etwas, wovon du träumst?

Dein eigenes Business? Eine Veränderung deiner beruflichen Situation? Eine neue Richtung in deinem Leben?

Ein großes Projekt, das du schon immer mal starten wolltest, aber nie die Zeit gefunden hast, es zu Ende zu bringen?

Klingt dein Ziel so unerreichbar und übertrieben, dass es eher nach einem Abenteuer als nach einem durchdachten Projekt aussieht?

Dann ist dieses Buch genau das Richtige für dich!

Ich habe mir dieses Buch ausgedacht, um dir zu helfen, erfolgreich mit Veränderungen in deinem Leben zu beginnen, indem du deine Träume realisierst. Dies kann auch dazu führen, dass du dein eigenes Geschäft gründest.

Die Ideen und Techniken, die in diesem Buch enthalten sind, dienen als Leitfaden für jeden, der etwas Orientierung braucht, wenn es um das Thema persönliches Wachstum geht. Ich teile mit dir meine Methode, um deine Veränderung zu initiieren. Ich bin zuversichtlich, dass du, wenn du den in diesem Buch dargelegten Schritten folgst, dich mit einer neuen Lebenseinstellung wiederfinden wirst und glücklicher bist als je zuvor.

Ich freue mich, dass du deine neue Reise beginnst und wünsche dir alles Gute für diese hoffentlich aufregendste Zeit deines Lebens.

Alles Gute für Dich!

Dein

Kapitel 1

Warum du dein Leben wirklich ändern solltest

Jonas konnte es fühlen. Irgendetwas stimmte nicht, und er wusste nicht, was er dagegen tun sollte. Jeden Morgen, wenn er in seinem Büro ankam und seinen Laptop einschaltete, war sein erster Blick auf seinen digitalen Kalender gerichtet. Das Glücksgefühl, in einen neuen Tag gestartet zu sein, verschwand schnell. Ein Termin reihte sich an den anderen.

„Wie viele Zeitfenster in meinem Kalender habe ich wirklich selbst in der Hand?", dachte er. „Und wo ist die ganze Zeit geblieben, die ich einmal für mich hatte?" Jonas war ein Typ, der in seiner Freizeit gerne Sport trieb. Ein bisschen Laufen und Wandern hatte immer einen freien Platz in seinem Terminkalender gefunden. „Wo ist die ganze Zeit geblieben?"

Jonas öffnete einen neuen Tab in seinem Browser und begann, nach allem zu googlen, was ihm Antworten geben könnte. Er hatte so einige Ideen im Kopf...

Das richtige Aufgabenmanagement-System. Eine ideale Morgenroutine, Yogastunden zum Stressabbau.

„Das kann es nicht sein! Ich muss die Kontrolle über meine Zeit zurückerlangen! „Seine nächste Suche führte ihn zu einem Jobportal. Sollte er einfach den Job wechseln, um die Fremdbestimmung loszuwerden?

Oftmals kann es sich so anfühlen, als würden wir von Kräften kontrolliert, die außerhalb unserer Kontrolle liegen. Wir haben vielleicht nicht die Macht, Entscheidungen für uns selbst zu treffen oder zu tun, was wir wollen. Es ist schwierig, Glück und Erfüllung zu finden, wenn man sich ständig machtlos über sein eigenes Leben fühlt. Manchmal ist es sogar möglich, dass wir uns dieser Situation selbst nicht bewusst sind.

Menschen, die das Gefühl haben, von außen kontrolliert zu werden, erleben sogar Depressionen oder Angstzustände als Folge dieser Gefühle. Solltest du das Gefühl haben, dass du unter einem solchen Zustand leiden könntest, solltest du darüber nachdenken, dir Hilfe bei einem erfahrenen Therapeuten zu holen. Durch eine Selbstbehandlung mit diesem Buch kann diese Situation nicht gelöst werden.

Hast du manchmal das Gefühl, dass dein Leben von äußeren Kräften kontrolliert wird? Ich spreche nicht von einem gelegentlichen Hindernis oder einer Herausforderung, sondern eher von einem konstanten Gefühl, das deine Energie zu entziehen scheint und dich hilflos zurücklässt. Dieses Buch wird einige Möglichkeiten aufzeigen, wie du diesen Energieabfluss stoppen und die Kontrolle zurückerlangen kannst.

Katrin überlegte, wie sie eine Geschäftsidee angehen sollte, die sie schon seit einigen Jahren hatte. Ihr großes

Problem war ihr Zeitmangel, sie wusste nicht, was sie tun sollte. Sie fragte sich, ob es irgendetwas gibt, das das Problem beheben könnte, nicht genug Zeit zu haben, um sich neben ihrem Job noch etwas anderem zu widmen.

Aber so ganz überzeugend war ihre Idee dann doch nicht. „Ich würde gerne meinen eigenen Laden aufmachen und Käse verkaufen. Aber... ist das nicht eine dumme Idee? Wer würde denn bei mir Käse kaufen wollen? Und wie sollte ich überhaupt ein Geschäft eröffnen? Was für eine lächerliche Idee. Ich vergesse es besser!"

Sie wollte schon immer ihr eigenes Unternehmen gründen. Aber sie war sich nicht sicher, ob sie all den Herausforderungen standhalten würde, die dieses Unterfangen mit sich bringen würde.

Das Wort Abenteuer wird oft mit Risikobereitschaft und ein wenig Leichtsinn in Verbindung gebracht. Im aktuellen wirtschaftlichen Klima haben viele Menschen das Gefühl, dass sie nicht genug Zeit haben, um zusätzliche Verantwortung zu übernehmen. Oft ist die Arbeit ihre erste Priorität. Arbeit bietet Einkommen, Stabilität und ein Gefühl von Identität.

Was für eine perfekte Gelegenheit für eine Ausrede, um nichts in deinem Leben zu ändern. Aber deine Arbeit muss nicht stabil sein, nur weil es bislang immer so war.

Manche Menschen fühlen sich selbst häufig unruhig und unerfüllt wegen ihrer täglichen Aufgaben.

Wenn das auch für dich so ist, dann ist es an der Zeit, einen Blick darauf zu werfen, was du von deiner Karriere und deinem Leben im Allgemeinen erwartest, bevor du eine überstürzte Entscheidung darüber triffst, deinen Job zu kündigen oder eine längere Auszeit von der Arbeit zu nehmen, um ein anderes Vorhaben zu verfolgen.

Aber wie soll man am Ende zu einer Entscheidung kommen? Ist die Eröffnung eines Käseladens das Richtige oder nur das Eingangstor in ein komplettes finanzielles Desaster?

Für diejenigen, die ihre abenteuerliche Seite erkunden wollen, aber aus bestimmten oder unbestimmten Gründen zögern, gibt es immer noch Möglichkeiten, ein Gleichgewicht in ihrem Leben zu finden. In diesem Buch zeige ich dir, wie du deinen Zielen ein paar Schritte näher kommst. Es ist nicht so schwer, wie es vielleicht scheint. Die ersten Schritte sind völlig risikofrei. Es lohnt sich also auf jeden Fall anzufangen.

Bist du bereit? Los geht's!

Kapitel 2

Was stört dich am meisten?

Wenn du dieses Buch in den Händen hältst, ist es wahrscheinlich, dass du in einem Vollzeitjob beschäftigt bist. Dein Job dient deinem Lebensunterhalt, und es ist für dich wichtig zu wissen, dass du dir damit eine Zukunft aufbaust. Es reicht dir aber nicht aus, mit dem Minimum auszukommen, das dein Arbeitgeber dir gibt – wahrscheinlich suchst du jetzt oder später im Leben nach mehr, wenn deine Fähigkeiten erschöpft und nicht mehr gefragt sind. Du denkst darüber nach, wie viel Geld du verdienen willst, wo du leben willst, welche Art von Lebensstil du willst.

Wie sieht dein typischer Arbeitstag aus?

Der Wecker klingelt morgens zu der Zeit, die du anhand deines Arbeitskalenders eingestellt hast – 7 Uhr. So wie meistens jeden Tag unter der Woche. Dein Morgen beginnt mit einer Routine, die mehr oder weniger strukturiert und standardisiert ist. Dein Motto: Auf geht's zur Arbeit! Bad, Frühstück, die Tasche mit allem, was du im Büro brauchst. Hast du alles eingepackt?

Auf geht's auf den Weg zur Arbeit. Fährst du mit dem Auto oder steigst du in den Bus oder in die U-Bahn? Es ist wirklich voll an diesem Morgen. Draußen regnet es die ganze Zeit. Und die Luftfeuchtigkeit in deinem Verkehrsmittel ist zu allem Überfluss auch noch hoch. Leider ist der letzte Zug ausgefallen. Der Wagen ist also voll und du kannst dein Buch, das du schon vor einigen Monaten begonnen hast, nicht lesen. Wann wirst du es überhaupt zu Ende lesen? Du wolltest es lesen, um etwas Neues für deinen Job zu lernen: dein Selbstmanagement zu verbessern, damit du die immer größer werdende Aufgabenliste, die in deiner Büro-App auf dich wartet, überhaupt noch bewältigen kannst.

Irgendwann kommst du im Büro an. Es ist bereits 8:30 Uhr. Du startest deinen Computer, hältst einen kleinen Plausch mit deinen Kollegen. Aber: die Uhr hat schon angefangen zu ticken. Bald wird dieser Tag vorbei sein. Dein Kalender bestimmt deinen Zeitplan. Naja, nicht wirklich „dein" Zeitplan. Eine Reihe von Meetings und Aufgaben sind von deinem Chef festgelegt worden. Du hattest nicht wirklich eine andere Wahl, als die Einladungen zu den Meetings anzunehmen. Außerdem soll es ein Treffen mit deinem Projektteam geben. Wo hast du die Datei mit der Statuspräsentation nochmal archiviert? Tut die Suchfunktion in deinem Posteingang überhaupt das, was sie tun soll? Du findest nie das, wonach du suchst. Ganz zu schweigen von dem Cloud-Speicherplatz, den dein Team eigentlich nutzen soll. Der Login dort funktioniert nie zuverlässig.

Du hast noch ein paar Minuten Zeit, bevor du deinen Schreibtisch verlassen musst. Du versuchst natürlich deinen Posteingang aufzuräumen. Löscht du diese Nachricht oder archivierst du sie? Was ist, wenn du sie später noch einmal brauchst? Mit der Suchfunktion würdest du sie sowieso nicht mehr finden. Aber es wäre gut, sie aufzubewahren, damit du einen Beweis hast, dass du keinen Fehler gemacht hast, wenn in deinem Projekt etwas schiefläuft.

Das Beantworten von E-Mails muss aber jetzt erst einmal warten. Dein nächstes Meeting ist fällig. Wo war das nochmal? Mittagspause, noch ein paar E-Mails und Telefonate. Und auf einmal ist der Tag vorbei. Aber die Aufgabenliste ist noch nicht leer. Also gibst du dir ein paar Minuten mehr Zeit – eine halbe Stunde – sogar 1 oder 2 Stunden. Nicht jetzt, du musst erst nach Hause, um noch eine Chance auf etwas Familienzeit zu haben. Und dann: Bad, Bett, gute Nacht. Morgen ist ein neuer Tag. Gott sei Dank, das Wochenende ist näher gerückt, zumindest einen weiteren Tag!

Du hast die meiste Zeit das Gefühl, fremdgesteuert zu sein

Vielleicht ist dein Arbeitstag nicht so anstrengend, oder du hast nur einen Teilzeitjob! Es ist auch möglich, dass dein normaler Tag nicht davon dominiert wird, in einem Job beschäftigt zu sein. Du könntest genauso gut selbstständig sein oder ein Elternteil sein, das sich die meiste Zeit um seine Kinder kümmert. Vielleicht erlebst du jetzt Situationen wie die, die Julia erlebt hat.

Julia war eine Mutter von zwei kleinen Kindern. Jeder Tag sah gleich aus. Sie wachte um 8 Uhr auf und brachte ihre Tochter zur Schule. Das Mittagessen bestand immer aus einer Art Sandwich mit einer kleinen Salatbeilage oder Obst. Zum Abendessen gab es gegrilltes Fleisch und dazu Gemüse. Vor dem Zubettgehen um 19 Uhr schaltete sie einen alten Film für ihren Sohn ein. Ihr Mann kam gegen 18:30 Uhr von der Arbeit nach Hause, und alles danach schien wie verschwommen zu sein. Es war egal, was sie taten, es fühlte sich alles monoton an – als hätte man keine Kontrolle mehr über sein eigenes Leben.

Oft fragte sie sich, wie es so weit gekommen war. Sie
wusste es nicht wirklich. Das einzige, was sie wusste, war,
dass sich etwas ändern musste? Aber was?

Das Gefühl, fremdbestimmt zu sein, ist ein ungerichtetes Gefühl, denn es gibt nichts, was du wirklich kontrollieren kannst, um es abzuschalten oder von der Außenwelt wegzukommen, wenn andere Meinungen immer in deine Gedanken, deine Pläne und sogar deine Freizeit eindringen. Das kann direkt passieren, wie in deinem Kalender, wenn zu viele äußere Bedingungen und Ereignisse den Fluss deines Tages kontrollieren. Aber es kann auch indirekt passieren. Vielleicht hast du dich so sehr daran gewöhnt, kontrolliert zu werden, dass du deine Gewohnheiten und Verhaltensweisen so angepasst hast, dass du im Voraus planst, ob jemand oder etwas anderes die Kontrolle über dich übernehmen könnte. So siehst du sogar Ereignisse und Umstände voraus, die irgendwann eintreten könnten und versuchst, mit ihnen umzugehen, bevor sie überhaupt da sind. Automatisch schränkst du dich weiter ein.

Du bist nicht allein

Ich hoffe, dass deine Arbeitstage oder deine normalen Tage nicht so eintönig und unangenehm aussehen und sich nicht so anfühlen, wie ich gerade versucht habe zu beschreiben. Und wenn sie das wirklich tun, dann ist es eben so, wie es im Moment ist. Vielleicht hast du aber auch einige oder viele Ähnlichkeiten mit deiner Situation gefunden. Um ehrlich zu sein: Ich konnte mich darin wiedererkennen – allerdings nicht so sehr mit meiner heutigen Situation.

Wenn du mich vor einigen Jahren gefragt hättest, wie mein typischer Tag aussieht, hätte ich ihn vielleicht so beschrieben, wie ich es oben bei den monotonen Arbeitstagen getan habe.

Das war nicht von Anfang an so, als ich meinen ersten Job nach dem Studium antrat. Aber im Laufe der Jahre hat sich mein Leben einfach in diese Richtung entwickelt. Und da war ich damals und wusste nicht genau, wie ich das ändern sollte. Ich wusste nur, dass sich etwas ändern musste, um wieder die Kontrolle über mein Leben zu bekommen.

Die Idee, im Job fremdbestimmt zu sein, ist ein Konzept, das es schon eine Weile gibt. Es spielt keine Rolle, ob du es als deinen Job ansiehst, ein Elternteil zu sein oder etwas anderes, das die meisten deiner Aktivitäten während eines Tages definiert. Es wird als eine ungesunde Art zu arbeiten angesehen, und viele Menschen empfinden das so. Um zu vermeiden, dass du dich überarbeitest, ist es wichtig, dass du dich zuerst um dich selbst kümmerst, indem du die Zeit, die du bei der Arbeit verbringst, einschränkst und regelmäßige Pausen außerhalb deines Büros machst, wenn möglich. Klingt einfach – aber ist es das wirklich?

Viele von uns haben das Gefühl, dass wir von unserem Job fremdbestimmt werden. Wir können nicht selbst entscheiden, was wir am Arbeitsplatz tun wollen, und unsere Chefs oder Kinder sagen uns ständig, welche Art von Arbeit wir tun sollen. Manchmal wird es uns direkt gesagt. Manchmal müssen wir selbst entscheiden, was wir tun wollen, aber die Richtung unserer Entscheidungen wird uns von außen auferlegt.

Du kannst versuchen, deine intrinsische Motivation bei der Arbeit zu nutzen – was bedeutet, dass du deinem Job nachgehst, weil er dir Befriedigung verschafft – nicht, weil dir jemand gesagt hat, dass es deine Pflicht ist. Du wirst glücklicher mit deinen Aufgaben sein, zufriedener mit dir selbst und weniger gestresst, wenn du dich intrinsisch für den Erfolg motivierst, anstatt extrinsisch von jemand anderem motiviert zu werden.

Aber es gibt keinen Schalter, den du umlegen kannst, um zu beginnen, dich intrinsisch motiviert zu fühlen.

Wenn du das alles liest, mag es sich so anhören, als ob du an allem selbst schuld bist. Warum lässt du es zu, extrinsisch kontrolliert zu werden? Du fühlst vielleicht Wut, weil du nichts falsch gemacht hast. Aber jemand könnte zu dir gesagt haben, dass du etwas Falsches hast. Und es gibt viele Menschen, die das zu dir sagen könnten: wörtlich oder in ihren Büchern, Online-Kursen, Artikeln und YouTube-Videos. „Finde deine innere Bestimmung und nutze sie!

Damit wirst du vollständig und ausschließlich intrinsisch motiviert sein." Du bist es, der / die sich ändern muss und dann wirst du wieder zu dir passen.

Es scheint so, als ob du das Problem bist – oder?

Glaube mir: Das ist kompletter Schwachsinn!

Du bist nicht das Problem

Hast du manchmal das Gefühl, dass du das Problem bist? Als ob dein Arbeitsalltag und sogar dein gesamter Tag viel erfüllender wäre, wenn es nicht deine Fehler und Unsicherheiten gäbe?

Das ist nicht wahr! Ganz und gar nicht! Du bist nicht das Problem! Nicht einmal annähernd.

Es gibt eine Menge, was getan werden kann, um deinen Alltag besser zu machen. Aber nichts wird passieren, wenn wir nicht alle anerkennen, dass wir nicht alleine in diesem Kampf sind und als ein großes Ganzes zusammenkommen, um von innen heraus zu heilen.

In letzter Zeit ist es sehr populär geworden, über das perfekte Mindset zu sprechen. In der heutigen Welt ist es wichtig, schnell und effizient denken zu können. Und während wir nicht kontrollieren können, wie viel Zeit vergeht oder wie ausgelastet unsere Tage sind, können wir kontrollieren, wie wir dieses wertvolle Gut unserer täglichen Zeit verbringen.

Jede/r möchte ein perfektes Mindset haben, aber was genau ist das?

Ein perfektes Mindset ist die Fähigkeit, Vertrauen in dich selbst und deine Fähigkeiten zu haben. Dieses Selbstvertrauen erlaubt es dir, Risiken mit mehr Leichtigkeit einzugehen, weil du weißt, dass es nicht das Ende der Welt ist, wenn die Dinge nicht so laufen, wie sie geplant waren.

In der Theorie klingt das nach einer tollen Idee. Aber was bedeutet es wirklich, ein perfektes Mindset zu haben? Und ist das überhaupt möglich für Menschen, die ja keine Maschinen sind?

Zu dem Zeitpunkt, zu dem ich dieses Buch schreibe, ist unsere Tochter etwa 3 Jahre alt. Sie ist nichts anderes als ein tolles Kind! Eltern zu sein ist eine der erfüllendsten Aufgaben im Leben. Man ist mit einem anderen menschlichen Wesen verbunden, das auf diese Welt kommt, ohne wirklich etwas zu wissen. Es ist ihre Aufgabe, zu wachsen und sich zu entwickeln und ich darf so lange und so gut wie möglich an ihrer Seite sein. Ich will das Beste für sie und ich bin froh, dass ich diese Erfahrung machen darf.

Elternschaft ist eine der erfüllendsten Erfahrungen in meinem Leben. Ich erlebe eine besondere Bindung zu meinem Kind, die mit keiner anderen Beziehung vergleichbar ist. Außerdem kann ich ihr alle möglichen coolen Sachen beibringen, zum Beispiel wie man sich die Schuhe bindet und Fahrrad fährt. Natürlich gibt es auch noch andere Aspekte. Sie ist nicht immer so einfach zu lieben. Manchmal ist sie stur, eigensinnig und unvernünftig. Sie kann ein wenig fordernd und ungeduldig sein – etwa, wenn wir versuchen, uns für die Schlafenszeit fertig zu machen oder das Frühstück am Morgen vorzubereiten.

Diese kleine Person, die unsere Tochter ist, hat mich gelehrt, dass es möglich ist, dass man sich in der einen Minute wie auf dem Gipfel der Welt fühlt und in der nächsten vor Frustration völlig überwältigt ist.

Manchmal stelle ich mir eine absurde Situation vor:

Meine 3-Jährige und ich sitzen an einem Schreibtisch. Ich bin Personalleiter und sie ist zu einem Feedback-Gespräch eingeladen worden. Leider bin ich nicht zufrieden damit, wie sie die Dinge in ihrem Leben so anpackt.

Sie hat gerade angefangen, mit der Schere herumzuüben, aber die Ergebnisse ihrer Scherenschnitte sind für mich nicht gut genug. Keine geraden Linien. Niemals!

Ich muss auch immer hinter ihr aufräumen, wenn sie fertig ist, weil sie plötzlich beschlossen hat, zu einer anderen Aktivität überzugehen. Und wenn sie läuft, gibt es immer noch einige Gelegenheiten, bei denen sie plötzlich umfällt und anfängt zu weinen, wenn sie mit den Knien und Händen auf dem Boden aufschlägt.

„Dein Mindset ist falsch!", sage ich ihr in diesem fiktiven Feedbackgespräch. „Und das ist in dieser Familie nicht akzeptabel. Ich muss sehr ernst mit dir sein, Tochter: Wenn du dein Mindset nicht änderst, wirst du keinen Erfolg haben!"

Lass mich hier aufhören. Ich will gar nicht weiter darüber nachdenken.

Meine Tochter ist 3 Jahre alt und als 3-Jährige kann sie nicht in jedem Maße alles richtig und in Perfektion beherrschen. Das weiß ich als Vater natürlich und ich gehe mit ihr so um, wie es ihrem Alter, ihren Fähigkeiten, ihren Grenzen und dem, was sie ausmacht, angemessen ist. Wie sich meine Einstellung zu ihr im Laufe der Jahre verändern wird? Ich weiß es noch nicht. Was ich aber weiß, ist, dass ich mir immer wieder bewusst machen will, dass sie ein Mensch ist und immer sein wird. Ein Individuum mit ihren einzigartigen Werten, Erfahrungen, Erfolgen, Fehlern, Möglichkeiten und so vielem mehr. Und das ist etwas, das meine Interaktionen mit ihr immer leiten sollte, besonders meine Interpretation ihrer Handlungen.

„Sie ist eine Dreijährige!", magst du sagen. „Erwachsene müssen anders behandelt werden!" Natürlich hast du Recht. Aber ich muss hier etwas besonders deutlich machen: auch als Erwachsener wirst du nie einen Punkt erreichen, an dem du deine persönliche Entwicklung abgeschlossen hast. Die Wahrheit ist, dass wir alle Raum für persönliche Entwicklung und Wachstum brauchen – zu jeder Zeit. Und dieser Raum ist für jeden Menschen auf der Erde anders. Als Individuen neigen wir leicht dazu zu denken, dass die Art und Weise, wie wir die Welt sehen, die gleiche ist, wie alle anderen Menschen sie sehen. Aber das ist nicht die Wahrheit! Niemals! Jeder von uns hat seine eigene Perspektive. Das ist es, was das Leben lustig macht und was es gleichzeitig kompliziert macht.

Hast du schon einmal versucht, eine Weile darüber nachzudenken?

Stellen wir uns vor, du bist Chef von jemand anderem. Es ist Zeit für ein Feedbackgespräch mit einem deiner Mitarbeiter, Tom. Du hast beobachtet, dass Tom in den letzten Monaten die Ziele, die du gesetzt hast, nicht erreicht hat. Das ist natürlich inakzeptabel. Nun erreicht auch deine Abteilung ihre Ziele nicht und du wirst zu einem Feedbackgespräch mit deinem eigenen Vorgesetzten eingeladen.

Das einzige, was du weißt, ist, dass es Toms Schuld war. Die Zahlen beweisen es: er ist vom Ziel abgekommen.

Zum Glück kennst du die wahre Ursache für diese Entwicklung schon, denn du hast immer wieder mit Tom gesprochen. Er ist einfach nicht so eifrig, wie er sein müsste, wenn er seinen Zielen nachjagt. Deshalb hattest du sie etwas höher angesetzt als bei den anderen, um ihn ein wenig mehr zu motivieren. Alle anderen in deinem Team haben ihre Ziele erreicht und Tom ist der einzige, der es nicht geschafft hat. Also muss er der Grund sein. Er muss in Ordnung gebracht werden. „Alles beginnt mit dem Mindset", hast du von dem YouTube-Guru gehört, der auf den Bühnen der Welt über Erfolg spricht. Also hast du beschlossen, seine Denkweise zu ändern und den Erfolg aus ihm herauszuholen, den du brauchst.

Das klingt furchtbar, oder? Um ehrlich zu sein, weiß ich nicht, ob es viele Manager gibt, die wirklich so emotionslos denken und handeln, wenn sie ihr Team und ihre Ziele organisieren.

Aber es gibt eine große Bewegung quer durch alle Branchen und in der Beratung und im Coaching, die genau hier ansetzt: Folge einer Vision, entwickle eine Mission, lass uns unsere Kultur verändern – und wir alle beginnen mit unserem individuellen Mindset, das zentral entwickelt und an alle kommuniziert wird. Das ist die einzige Leitlinie, der du folgen musst, damit dein Arbeitgeber mit dem zufrieden ist, was du tust. Und er könnte dann auch mit dir zufrieden sein.

Die Leute müssen dem System folgen, wenn sie dazugehören wollen. So einfach ist das. Egal, wie es dir verkauft wird. Du darfst vielleicht von zu Hause aus in deinem Home Office arbeiten. Vielleicht wird dir jeden Tag im Büro kostenloses Obst angeboten und du darfst dein Firmentelefon sogar für deine privaten Anrufe benutzen. Am Ende kommt alles zusammen mit einer mentalen Richtlinie, die du befolgen musst. Du kannst ein ganzes System darum herum aufbauen. Aber bedeutet das, dass dieses System inakzeptabel ist?

Du hast immer die Kontrolle

Die Idee, die richtige Einstellung zu haben, ist ein beliebtes Thema. Mit vielen Büchern, Artikeln und Blogs darüber könnte man meinen, es gäbe nur einen Weg, die „richtige" Einstellung zu haben. Aber was, wenn das eigentlich nicht stimmt? Was wäre, wenn wir alle unterschiedliche Mindsets hätten, die in mancher Hinsicht gleich gut für uns wären und in anderen weniger?

Ich denke, dass wir akzeptieren und respektieren müssen, dass jeder Mensch anders ist. Jede/r von uns ist ein Individuum mit einer persönlichen Geschichte aus Erfahrungen und Entwicklung in unserer Vergangenheit. Das macht uns zu dem, was wir heute sind. Das bestimmt unsere Interpretationen der Welt, wie wir sie sehen, unsere Handlungen und Interaktionen. Alles, was wir tun. Und du entscheidest selbst, was du tun willst.

Manchmal ist es notwendig, dass Menschen miteinander interagieren. Dann müssen wir uns natürlich auf einen Rahmen für die Interaktion einigen. Organisationen wie Unternehmen versuchen das auf unterschiedliche Weise. Manche entscheiden sich für Leitbilder, Personalentwicklungsgespräche und so weiter. Andere versuchen, ihre Interaktionen auf unterschiedliche Weise zu organisieren. Und Familien, Freundeskreise und viele andere Systeme finden ihre eigene Art der Organisation. Wenn du ein Teil einer Organisation bist, interagierst du automatisch mit ihr, auch wenn du dich entscheidest, nichts zu tun. Die Art und Weise, wie du das tust, hängt immer von dir und deinen Entscheidungen ab.

Niemand sonst hat das Recht, dir vorzuschreiben, was du zu denken hast, um in ihr System zu passen. Wie wäre das überhaupt möglich? Nur durch Manipulation, denke ich. Sollte das die Basis für eine konstruktive Atmosphäre in der Zusammenarbeit sein? Sollte die Zusammenarbeit nicht eher von gegenseitigem Respekt geprägt sein? Für mich klingt das viel besser!

Organisation ist stärker als du denkst

Doch auch wenn du für dich selbst entscheiden kannst, was richtig ist, bist du nicht völlig unabhängig von der Welt um dich herum.

Die Idee, völlig unabhängig zu sein und Entscheidungen für sich selbst in vollem Umfang zu treffen, ist eine ziemlich idealistische. Wir leben nicht in einer Welt, in der uns die Möglichkeit gegeben wird, unsere eigenen Entscheidungen ohne jeglichen Einfluss von außen zu treffen. Die Wahrheit ist, dass wir alle von dem beeinflusst werden, was die Gesellschaft als „richtig" oder „falsch" ansieht. Das kann mit der Art und Weise zu tun haben, wie du dich bei der Arbeit verhältst, wie du mit deiner Familie interagierst oder mit allem anderen, was du tust. Und diese Kraft des Einflusses ist sehr stark.

So kann dir deine Freiheit schnell als eingeschränkt erscheinen. Das kann sich irgendwie wie ein großer Druck anfühlen, die richtigen Entscheidungen zu treffen. Die Gesellschaft sagt uns, dass es nur bestimmte Wege gibt, die wir gehen können, und wenn du von diesen Pfaden abweichst, wirst du niemals glücklich oder erfolgreich sein, vielleicht sogar nicht akzeptiert. Es wirkt so einfach, schlichtweg dem zu folgen, was alle anderen tun, weil es einfacher ist, als selbst zu denken und Risiken einzugehen.

Es liegt an dir, ob du dich entscheidest zu glauben, dass es so etwas wie richtig und falsch gibt. Aber es liegt nicht an jemand anderem als dir selbst, wenn du unabhängig sein willst.

Und hier ist der Kern, wenn es um deine Rolle innerhalb einer Organisation geht, besonders an deinem Arbeitsplatz: Du kannst dich entscheiden. Du kannst dich entscheiden, alles so sein zu lassen, wie es ist. Du kannst dich entscheiden, etwas zu verändern. Was auch immer du tust, wird letztendlich zu etwas führen und das wird eine Konsequenz auf dich selbst haben.

Neue Mindsets sind nicht von Natur aus schlecht

Du kannst dich also entscheiden, die Denkweise von jemand anderem zu übernehmen und du kannst versuchen, dich entsprechend zu verhalten. Es wird sicherlich einen Effekt auf deine Handlungen haben. Und es wird auch eine Wirkung auf dich haben. Vielleicht kannst du deine neue Art der Interpretation dessen, was um dich herum geschieht, glücklich annehmen, indem du diese neue Denkweise mit einbeziehst. Vielleicht nimmst du dies als Anstoß, etwas Neues auszuprobieren. Solange du dich selbst dafür entscheidest, diesen Weg zu gehen, hat sich alles auf eine gute Art und Weise weiterentwickelt.

Du solltest nur nicht zulassen, dass dir jemand sagt, dass du falsch liegst und du korrigiert werden musst. Diese Haltung respektiert nicht, was und wer du bist: ein Individuum, das so viel reicher ist als ein oder ein paar Sätze, die eine abstrakte Denkweise definieren. Sei du selbst, auch dir selbst gegenüber. Und denke bloß nicht daran, dein Mindset zu ändern, nur weil jemand anderes dir sagt, dass du das tun sollst. Du hast bereits alles, was du brauchst, um der für dich passenden Lösung näher zu kommen.

Das einzige, was du brauchst, ist eine Entscheidung: Ist die Zeit für dich schon gekommen, etwas zu ändern?

Kapitel 3

Wann ist der richtige Zeitpunkt, sich zu verabschieden?

Hattest du jemals eine Zeit in deinem Leben, in der du das Gefühl hattest, dass alles perfekt war? Du hast endlich alle deine Ziele erreicht und es schien so zu sein, als ob die Verhältnisse nicht besser sein könnten. Aber dann, ohne Vorwarnung, passiert etwas, das dich aus dem Gleichgewicht bringt. Dinge gehen schief und die Überzeugung verschafft sich freie Bahn, dass es vielleicht doch nicht so ist, wie es dir vorkam. Lass mich dir ein wenig über mein Leben erzählen, um dir eine bessere Vorstellung davon zu geben, wie diese Situation aussehen und sich anfühlen könnte.

Ich bin in einem kleinen Dorf im Süden Deutschlands aufgewachsen und habe mein ganzes Leben dort und in der nächstgelegenen Stadt verbracht, während ich zur Schule ging. Als ich zum Studium zugelassen wurde, bin ich nach München gezogen, habe Luft- und Raumfahrttechnik und BWL studiert – sogar für einige Zeit im Ausland in den USA in Atlanta. Nach meiner Rückkehr schloss ich mein Studium in der Heimat ab und wurde schließlich in meinem Traumjob angenommen.

Ich hatte nur eine einzige Bewerbung an ein einziges Unternehmen verschickt, eine der größten und tollsten Fluggesellschaften der Welt. Es war für ein exklusives Management-Trainee-Programm und ich fühlte mich so glücklich, dass ich als einer der 14 erfolgreichen Kandidaten aus etwa 4.000 Bewerbungen angenommen worden war. Was für ein Erfolg!

Mit einem Gefühl des Glücks und dem Eifer, etwas zu bewirken, begann ich meine berufliche Laufbahn.

Es gab so viele neue Dinge zu entdecken und so viele neue Erfahrungen zu machen. Mit einer riesigen Portion Neugierde spielte ich ein wenig herum und tauchte tief in verschiedene Projekte in meinem Heimatland und auch im Ausland in Asien ein. In dem Moment, in dem ich aus dem Flugzeug in der thailändischen Hauptstadt Bangkok ausstieg, war mein Herz entschlossen, alles zu sehen, was der asiatische Kontinent zu bieten hatte und so viel wie möglich von dieser neuen Welt zu erleben. Mit so viel Neugier in mir, entschied ich mich sogar, die Kunst der traditionellen Thai-Massage zu erlernen!

Als ich nach der Zeit in diesem speziellen Traineeprogramm zurück nach Deutschland kam, musste es ernst werden. Warum das so war? Ich weiß es nicht. Genau das sagte dieses Programm in seiner bunten Broschüre: „Tauchen Sie in einige Projekte ein und suchen Sie danach eine Festanstellung."

Und wieder hatte ich Glück: Ich hatte die Möglichkeit, einen Einblick zu bekommen, wie es ist, für ein so einflussreiches Unternehmen von ganz oben zu arbeiten, denn ich wurde Referent des CEOs dieses riesigen Konzerns. Was für eine Ehre – und was für eine Last zugleich.

Mein Leben veränderte sich. Zuerst habe ich es nicht wirklich gespürt. Die Monate vergingen, ich musste Präsentationen und Reden für den CEO vorbereiten, Top-Management-Meetings organisieren und so viele Dinge, die ich vorher noch nie gemacht hatte. Eine große Chance zu lernen und auch eine große Chance, Fehler zu machen. In diesem jungen Alter musste ich mich mit vielen Themen, Menschen und Bedingungen auseinandersetzen. Diese hätte ich mir vorher nie vorstellen können, und viele Menschen würden sie in ihrer Karriere auch nie erleben. Sie hören meist nur Legenden darüber.

Und ich habe das, was ich bekommen habe, als Aufgaben und Herausforderungen angenommen, nur um etwas daraus zu machen. Es gab keine andere Chance. Es gab keine andere Möglichkeit. Oder etwa doch?

Wie immer kam irgendwann der Punkt, an dem ich eine Entscheidung treffen musste, so wie jeder Mensch. Mehr und mehr spürte ich den Drang, eine Frage zu beantworten, die mir nicht aus dem Kopf ging: Soll ich bleiben, oder soll ich gehen? Ich wusste, dass ich irgendwann die Position, die ich innehatte, verlassen und weiterziehen musste. Ich wusste nur nicht, wohin ich gehen sollte. Also wartete ich und ging einfach den Weg weiter, den ich mir angewöhnt hatte zu gehen. Aber es passierten schnell seltsame Dinge.

Vielleicht kommt dir diese Situation bekannt vor: Sobald du das Gefühl hast, dass sich etwas ändern muss, bietet dir das Leben automatisch Möglichkeiten, um herauszufinden, ob diese Gedanken begründet sind oder nicht. Du triffst Menschen, die sich vielleicht auf eine Art und Weise verhalten, die du nicht verstehst, und ihre Handlungen haben plötzlich einen Einfluss auf dich, den du niemals hättest vorhersehen können. In diesen Situationen kann sich dir dein Leben wie ein Film präsentieren. Du schaust es dir an, als ob es einfach passiert ist, ohne dass du eine einzige Chance hattest, irgendetwas im Drehbuch zu beeinflussen.

In meinem Fall entschied ich mich, in eine nächste Position zu wechseln. Doch plötzlich hatten wir eine Situation im Büro des CEOs, die mich dazu brachte, dort zu bleiben, wo ich war.

Ich musste somit ein weiteres Jahr zu warten und dort herumarbeiten. Ich war daran gewöhnt, also was konnte schon schief gehen? Es sah so aus, als wäre meine Entscheidung, weiterzuziehen, doch nicht so ernst gewesen. Oder hatte ich keine andere Wahl?

Natürlich hatte ich sie! Ich hätte einfach sagen können, dass ich auf jeden Fall weiterziehen wollte. Aber das tat ich nicht. Und das war nicht das einzige Mal, dass das passierte.

Einige Monate später wechselte ich schließlich auf eine neue Stelle, blumig ausgeschrieben mit einer riesigen Chance, meinen Karriereweg zu ebnen, endlich ein Team zu bekommen und Führungserfahrung zu sammeln.

Und wieder klopfte das Leben an meine Tür und fragte: Willst du das wirklich tun?

Wieder hatte ich das Gefühl, dass etwas nicht stimmte. Dies war bereits das zweite Mal. Und dieses Mal fühlte es sich gar nicht gut an. Über Wochen konnte ich meine Gedanken nicht davon abbringen, herauszufinden, was für mich richtig war: bleiben oder gehen? Und das nach nur drei Monaten in der neuen Position!

„Wenn es so ernst ist, muss doch etwas dran sein!", dachte ich mir. Also beschloss ich, zu handeln. Ich öffnete meinen Laptop und begann, mein Kündigungsschreiben zu tippen. Ich wollte die Firma verlassen, eine Abfindung mitnehmen und etwas anderes machen.

Was der nächste Schritt sein würde, war noch nicht klar, aber ich vertraute in mich, dass sich die Dinge mit der Zeit gut entwickeln würden und ich keine Angst haben musste. Es würde neue Chancen geben.

Wie du schon weißt, entscheidet sich das Leben dazu, dir wieder die Frage zu stellen: ist es das, was du wirklich tun willst? Und dieses Mal, als ich mein Kündigungsschreiben einreichte, wurde mir wieder eine neue Stelle angeboten. Gleiche Abteilung, höhere Aufgaben und eine größere Führungsposition. Aber es könne noch 5 bis 6 Monate dauern, bis die Stelle ausgeschrieben sei. „Willst du sie?" Natürlich wollte ich! War das nicht der Karriereweg, den ich erwartet hatte? Klar, war es das!

Weitere Monate vergingen, ich reichte meine Bewerbung für diese tolle neue Stelle ein und eines Tages im Sommer erhielt ich einen Zettel, der mir den Termin für das Auswahlgespräch mitteilte. Ein Assessment Center sogar, auf das ich mich vorbereiten musste, wenn ich mit guten oder sogar perfekten Noten bestehen wollte. Ich war sehr aufgeregt! Also sammelte ich Informationen darüber, wie man diesen Bewerbungsprozess übersteht und besteht und hatte großes Vertrauen in das, was mir bevorstand. Bis zu der Nacht vor dem Vorstellungsgespräch.

In dieser Nacht passierte etwas, was ich noch nie zuvor erlebt hatte. Ich konnte nicht schlafen. Nicht nur, dass ich nicht einschlafen konnte. Ich konnte buchstäblich nicht schlafen. Nicht, weil ich krank war, oder hungrig, oder durstig. Nicht, weil ich versucht hatte, ein Problem zu lösen, das mich den ganzen Tag genervt hatte. Irgendetwas in meinem Körper entschied, dass nicht zu schlafen die bessere Option in dieser Nacht ist: es war mein Bauch.

Irgendwann in der Nacht begann mein Bauch ein Gespräch mit meinem Kopf. Es gibt eine Sache, die du wissen musst, wenn Bauch und Kopf miteinander reden wollen: Sie sprechen völlig unterschiedliche Sprachen. Und wenn sie es nicht gewohnt sind, häufig miteinander zu reden, wollen sie gar nicht erst versuchen, sich zu verstehen. Sie reden einfach. Die ganze Zeit. Sie wollen nicht aufhören. Und keiner von ihnen will einen Schritt zurücktreten und das Gespräch verlieren. Das hatte ich noch nie erlebt, und es dauerte die ganze Nacht.

Wenn ich heute auf diese Nacht zurückblicke, sehe ich das als eine sehr lustige Situation. Damals war es das ganz und gar nicht. Also beschloss ich am nächsten Morgen, die Personalabteilung anzurufen, dass ich krank sei und nicht zum Vorstellungsgespräch kommen könne. Ich nahm mir zwei Tage frei, und direkt darauf war das Wochenende. Ich hatte also vier Tage Zeit, um zu entscheiden, wie es weitergehen sollte. Diesmal war es mir klarer als je zuvor: Ich werde kündigen. Schon wieder. Zum zweiten Mal. Zum Glück hatte ich noch die Datei mit dem damaligen Kündigungsschreiben auf meinem Computer, so dass ich nur noch das Datum ändern, es noch einmal ausdrucken und gleich am Montagmorgen, wenn ich wieder zur Arbeit ging, abgeben musste.

Da war sie: eine endgültige Entscheidung...

Naja, eigentlich gab es noch keine. Wie du weißt, kann eine Organisation sehr stark sein. Und sie hat wieder einmal bewiesen, dass sie stark ist. Irgendjemand hatte schon immer gewusst, dass ich in der falschen Position war. „Natürlich gibt es in unserer Firma eine viel bessere Möglichkeit, wo dieser Typ hinpasst. Das habe ich schon immer gewusst!", sagte einer meiner ehemaligen Chefs.

Da war sie also wieder: eine weitere Konfrontation mit einer bunten Werbung für den Weg zu den Sternen. „Du musst ein Mitglied unseres Innovation-Lab-Teams sein. Das ist eine tolle Chance für dich!"

Ja, das war es! Natürlich war es das! Innovation war zu dieser Zeit das Thema Nummer eins in der Firma. Jeder Manager war scharf darauf, ins Silicon Valley zu reisen und mit CEOs, CFOs, CTOs, CABCEFGHIJKLMN...XXOs aller digitalen Produkt- und Dienstleistungsunternehmen zu sprechen, die sich als Startup mit dem Potenzial zum nächsten Einhorn sahen. Was für eine Chance. Wäre ich nicht ein Idiot, diesen Schritt nicht zu wagen? Sicherlich wollte ich keiner sein, also sagte ich „Ja". Und nur wenige Monate später zog ich nach Berlin, um für die Airline, die ich über die Jahre trotz aller Widrigkeiten so sehr lieben gelernt hatte, Innovationen voranzutreiben.

Weißt du, was dann passierte? Das kannst du dir vielleicht selbst schon denken, denn das Leben stellt dir immer wieder die Frage, ob du das wirklich willst. Und die Häufigkeit, mit der mir diese Frage gestellt wurde, nahm noch einmal zu.

Diesmal dauerte es nur ein paar Wochen, bis ich wieder feststellte, dass ich auf dem falschen Weg war.

Und ich war nicht der Einzige, der das herausfand. Auch die Menschen um mich herum gaben mir zu verstehen, dass es eine bessere Option wäre, einen anderen Weg einzuschlagen, anstatt dort zu bleiben, wo ich gerade angefangen hatte. Aber trotzdem wollte ich es nicht glauben. Wie hartnäckig kann ein einzelner Mensch überhaupt sein?

Wenn das Leben dir die Frage stellt, ob du etwas wirklich willst, bietet es dir mehrere Möglichkeiten. Diesmal hatte ich die Möglichkeit zu gehen oder wieder eine neue Herausforderung anzunehmen. Diesmal war es nicht in Berlin oder gar in Deutschland – ich wurde eingeladen, an einem Projekt in Los Angeles zu arbeiten! Wie cool war das denn? Meinen Vertrag mit der Fluggesellschaft zu behalten, irgendwo in der Nähe des Silicon Valley zu leben und zu arbeiten und den American Way of Life zu genießen. Also habe ich natürlich wieder „Ja" gesagt!

Um diese lange Geschichte abzukürzen: Es dauerte weitere 5 Monate, bis ich mich erneut entscheiden musste, ob dies der richtige Weg für mich war: bleiben oder gehen? Und dieses Mal entschied ich mich zu gehen. Eines Abends sprach ich mit einem Manager unserer Partnerfirma, der im selben Projekt wie ich war. Ich offenbarte ihm, dass ich darüber nachdachte, die Fluggesellschaft endgültig zu verlassen. Während unseres Gesprächs sprachen wir kaum über Karrieremöglichkeiten.

Wir sprachen vor allem darüber, was wichtig ist, wenn man solche Entscheidungen trifft.

Und da wurde mir klar: Es ist Zeit, sich zu verabschieden, wenn man bereit ist.

Jetzt war ich bereit!

Kapitel 4

Woher weiß ich, was das Richtige für mich ist?

Als Lukas ein kleines Kind war, gingen seine Eltern mit ihm spazieren. Er durfte den Bürgersteig nicht verlassen. Wenn er das tat, sagten sie, er sei ein ungezogenes Kind. Also lernte er, sich zu benehmen. Als Lukas älter wurde, gab es immer mehr andere Leute, die ihm sagen mussten, was er zu tun oder zu lassen hatte. In der Schule sollte er still auf seinem Stuhl sitzen und nur reden, wenn er dazu aufgefordert wurde. Im heimischen Garten durfte er nur von 15.00 bis 18.00 Uhr spielen, da Kinder beim Spielen zu viel Lärm machen. Und die Nachbarn mögen den Kinderlärm nicht.

Im Laufe der Jahre sammelte Lukas Einschränkungen, Dinge, die er unter bestimmten Umständen nicht tun durfte und Dinge und Verhaltensweisen, die er unter anderen Umständen erfüllen sollte. So wie es jeder Mensch im Laufe seines Lebens tut. Jetzt ist Lukas ein Erwachsener.

Außerdem hat Lukas ein Hobby.

Wann immer er die Gelegenheit dazu hat, verbringt er seine Freizeit in der Natur. Er wandert und klettert gerne auf Berge überall im Land.

Die Erkundung eines unbekannten Terrains bereitet ihm Freude. Er weiß nicht wirklich, warum, aber es ist ihm auch egal. Es fühlt sich gut an, und er bewegt sich vorwärts und entdeckt neue Stellen und Orte, die andere nie erreichen werden, wenn sie auf der befestigten Strecke bleiben.

Es ist auch gut, um neue Dinge an sich selbst zu entdecken – was ihn am meisten reizt, wenn er in die Natur geht: Wälder, Berge oder Wasserfälle zu erkunden, die mit Erinnerungen aus seiner Kindheit verbunden sind, aber inzwischen von allen anderen außer ihm selbst vergessen wurden.

Was für eine wunderbare Welt.

Hast du jemals eine Entscheidung getroffen, die anders war als das, was von dir erwartet wurde? Es gibt viele Entscheidungen, die wir jeden Tag treffen, ob sie nun absichtlich sind oder nicht. Diese Entscheidungen können einen großen Einfluss auf unser Leben und auf andere um uns herum haben. Also haben sie natürlich ein gewisses Risikopotenzial. Wenn Menschen in ihrem Leben Risiken eingehen, kann das dazu führen, dass entweder gute oder schlechte Dinge als Ergebnis dieser Risiken passieren. Manchmal ist das Ergebnis vielleicht nicht das, was wir erwarten würden, aber es zeigt, dass es mehr als einen Weg gibt, um im Leben ans Ziel zu kommen!

Jeden Tag müssen wir also Entscheidungen treffen, einige davon könnten falsch sein, aber du wirst es nicht wissen, bis die Zeit gekommen ist. Die Lösung ist sehr einfach: Du musst herausfinden, ob es richtig oder falsch war, indem du tatsächlich richtig handelst. Was nach deiner Entscheidung von diesem Moment an passiert, kann dir Klarheit geben.

Eine Entscheidung kann nie falsch sein, bevor du nicht gehandelt hast

Die Entscheidung, einen bestimmten Weg im Leben zu gehen, ist nie falsch. Die richtige oder falsche Handlung hängt von der Situation ab und davon, wie du dich entscheidest, dein Leben zu leben. Wenn es darauf ankommt, ist das Einzige, was zählt, was dich glücklich macht. Manchmal weiß man das erst, nachdem man gehandelt hat.

Da du dich entschieden hast, dieses Buch zu lesen, denkst du vielleicht darüber nach, dein eigenes Abenteuer zu starten. Du hast eine Idee in deinem Kopf, die dich stark anzieht. Du hast vielleicht sogar das Gefühl, dass du an nichts anderes mehr denken kannst. Aber gleichzeitig gibt es auch Zweifel. Du kennst vielleicht nicht die genauen Schritte, die du gehen musst, um an den Punkt zu gelangen, zu dem dich deine Idee anzieht. So viele Dinge könnten passieren. Was ist, wenn du die falsche Entscheidung triffst?

Entscheidungen zu treffen ist immer schwierig. Es sind nicht nur die großen Entscheidungen wie die Wahl eines Karriereweges oder der Kauf deines ersten Hauses, sondern auch die kleinen, alltäglichen Dinge, die dazu führen können, dass wir uns festgefahren und unsicher fühlen, was wir als nächstes tun sollen. Es gibt viele Artikel mit Ratschlägen, wie man verschiedene Arten von Entscheidungen treffen kann – von „Soll ich meinen Job kündigen?" bis hin zur Frage, wann es Zeit für eine neue Autobatterie ist.

Aber manchmal finden wir uns in Situationen wieder, in denen nichts richtig zu sein scheint, egal vor welcher Entscheidung du stehst – ob im Job oder anderswo im Leben.

Die gute Nachricht? Du hast immer noch Optionen! Es mögen harte Entscheidungen sein (und wenn ja, dann atme tief durch!), aber:

„Eine Entscheidung kann nie falsch sein, bevor du nicht gehandelt hast."

Behalte diesen Satz im Kopf, wenn du über dein Abenteuer nachdenkst. Es ist etwas, das dir helfen kann, geerdet zu bleiben, wenn du mitten in schwierigen Entscheidungen steckst und dein Verstand anfängt, sich mit „Was-wäre-wenns" zu vernebeln. Es ist auch etwas, das mir geholfen hat, mit meiner eigenen Angst vor Entscheidungen umzugehen, und auch mit meiner Frustration, wenn andere vorschnelle Urteile fällen, ohne die Dinge zu durchdenken.

Es scheint ein so einfaches Konzept zu sein, aber wir vergessen es oft in Momenten der Panik oder des Stresses. Eine Entscheidung zu treffen ist nicht immer einfach – vor allem, wenn es darum geht, zwischen zwei Optionen zu wählen, die wir beide wollen – aber sobald wir fertig sind, egal wie das Ergebnis aussieht, muss gehandelt werden, um herauszufinden, wohin der neue Weg dich führen wird.

Natürlich sprechen wir über Entscheidungen, die keine direkte Bedrohung für dein eigenes oder das Leben oder die Gesundheit einer anderen Person oder etwas Ähnliches darstellen. Wir reden nicht über offensichtlich schädliche Auswirkungen, die deine Entscheidung haben wird, die zu schweren Zerstörungen führen.

In diesem Buch geht es nicht darum, dich zu einem perfekten Verbrecher zu machen. Es soll dich in deiner Entscheidung unterstützen, neue Wege zu gehen und dein Leben zu verändern, trotz aller Rückmeldungen, die du von den

Menschen und der Welt um dich herum bekommst. Ich bin mir sicher, dass du dir dessen vollkommen bewusst bist.

Also, der einzige Weg, um sicher zu wissen, was eine gute Entscheidung für dich ist, ist es, eine Chance zu ergreifen.

Es beginnt mit dir

Weißt du, was eines der zehn häufigsten Wörter in der deutschen Sprache ist? Ich gebe dir einen Tipp: es ist natürlich „und". Aber ich habe es auf ein anderes abgesehen: Es ist „ich". Allerdings kommt es erst unter den Top 100! Wir benutzen dieses Wort dennoch mehr als viele andere. Und doch zögern wir oft, es auszusprechen. Warum? Weil es so persönlich ist. Es ist an dich selbst gerichtet und bringt schnell Themen wie deinen Selbstwert zur Sprache. Und genau hier berührt dich dein Abenteuer direkt.

Der Beginn deines Abenteuers führt schnell zu einer Haltung, die dich selbst beurteilt. Entweder bist du der Richter oder die Menschen um dich herum. In den meisten Fällen kannst du in diesem Zusammenhang deinen Richter wählen, zumindest unter diesen Umständen. Es gibt andere, hoffentlich seltene Gelegenheiten, bei denen dein Richter von jemand anderem bestimmt wird. Aber in deinem Abenteuer liegt es an dir, zu entscheiden, wen du als Richter akzeptierst und wen nicht.

Sei nicht vorschnell dabei, deinen eigenen Selbstwert zu beurteilen! Es kann sein, dass du nicht gleich beim ersten Mal alles richtig machst, wenn du dich entscheidest, dein allererstes Abenteuer zu beginnen. Aber das ist in Ordnung. Scheitern ist nicht endgültig, solange du es weiter versuchst und aus deinen Fehlern lernst. Also, gib dich nicht auf, nur weil die Dinge nicht so gelaufen sind, wie du es geplant hast! Es ist besser, es versucht zu haben und gescheitert zu sein, als es überhaupt nicht versucht zu haben.

Die Angst vor dem Scheitern ist es, die Menschen davon abhält, neue Dinge auszuprobieren. Das ist der Grund, warum Menschen oft vor kreativen Unternehmungen zurückschrecken oder einfach auf einen Karriereweg verzichten, der sie glücklicher machen würde, aber vielleicht schwieriger zu erreichen ist. Also machen sie mit ihrem Leben weiter, und irgendwann ist es zu spät, um umzukehren.

Aber wenn wir es überhaupt nicht versuchen, wie können wir dann mit dem Wissen leben, dass wir unser Potenzial nicht erforscht haben?

Risiko ist nicht jedermanns Freund

Hier beginnt der Spaß! Vor allem, wenn du dich für ein Abenteuer entschieden hast und anfängst, mit anderen Menschen darüber zu sprechen. Du erwartest vielleicht, dass du dich wie eine Berühmtheit fühlst und hoffst, dass sie genauso begeistert von deiner Idee sind wie du selbst. Aber das muss nicht immer der Fall sein.

Risiko ist nicht jedermanns Freund. In der Tat kann es für manche Menschen genau das Gegenteil sein. Manche Menschen sind risikoscheu, andere sind risikofreudig. Nachdem ich selbst ein paar Risiken eingegangen bin, ist mir klar geworden, dass nicht jeder für diese Art von Lebensstil geschaffen ist. Dennoch ist Risikobereitschaft ein notwendiger Teil des Lebens. Ohne Risiko gäbe es keine Belohnung und ohne Risiken einzugehen, könnten wir niemals Freude oder gar Erfolg in unserem Leben erfahren.

Wenn du also anfängst, Leuten von deiner Entscheidung zu erzählen, aktive Schritte zu unternehmen, um dein persönliches Abenteuer zu starten, werden sie dich vielleicht ermutigen, es zu versuchen.

Es gibt noch einen weiteren Aspekt, den du kennen solltest.

Zur gleichen Zeit fangen sie an, dein Vorhaben aus ihrer eigenen Perspektive zu betrachten. Sie versuchen, deinen Ansatz, deine Pläne, deine Chancen und auch deine Risiken aus ihrer jeweils eigenen Sicht zu bewerten. Und nicht selten halten sie sich mit ihrer Meinung nicht zurück.

Du wirst vielleicht Sätze hören wie: „Wow, das ist mutig!", „Das würde ich nicht machen!", „Hast du das wirklich durchdacht?" und ähnliches.

Wenn du so etwas hörst, hat dein Gegenüber wahrscheinlich etwas in deinen Plänen entdeckt hat, das er oder sie als Risiko ansieht.

Aber das sollte deine Entscheidung nicht beeinflussen! Woher soll jemand anderes wissen, wie dein Abenteuer sein wird und was du davon haben wirst? Niemand weiß es vorher: weder du noch sonst jemand. Es gibt eine Vielzahl von Möglichkeiten, was passieren wird. Und das Gleiche gilt für die Risiken, die eintreten könnten oder auch nicht. Du tappst bei deinem Abenteuer nicht im Dunkeln, denn niemand war vorher dabei! Mach dir keine Sorgen, du wirst es irgendwann herausfinden.

Das Schlimmste, was du tun könntest, wäre, deine Pläne abzublasen. Ich weiß, wie frustrierend es ist, wenn etwas dazwischenkommt und dein Tag entgleist. Aber vertrau mir: Wo ein Wille ist, ist auch ein Weg! Du wirst dich nie ohne Vorwarnung in einer Notsituation befinden, also sag noch keinen deiner Pläne ab, denn wir alle wissen, dass das Leben passiert. Warum nicht einen Versuch wagen? Du könntest sogar neue Freunde finden oder jemand Besonderen auf dem Weg treffen, was dir völlig neue Möglichkeiten eröffnen würde.

Du würdest eine riesige Chance für dich selbst aufgeben, wenn du dein Abenteuer absagst, nur weil jemand anderes dir seine Risikoeinschätzung aufzwingt. Du bist im Begriff, auf ein erstaunliches Abenteuer zu gehen, aber vielleicht besteht eine/r deine/r Freund/innen darauf, dass du zurückbleibst.

Du weißt, dass sie das Beste für dich wollen und dass sie nicht wollen, dass etwas Schlimmes passiert; aber das ist eine riesige Chance des Lebens! Dein Eifer schwankt bei ihren Worten, während die ganze Aufregung aus deinem Körper entweicht. Deine Begeisterung wird eher zu Unmut, weil es sich so anfühlt, als würden sie dir sagen, was besser für dich ist, anstatt zu fragen, wie du dich fühlen würdest, wenn du so kurzfristig etwas anderes machen würdest, bevor du bekannte Pfade für immer verlässt.

Eine riesige und vielfältige Mischung von Emotionen entfaltet sich, sobald du auf andere zugehst, um über deine Pläne zu sprechen. Sei dir bewusst, dass nicht alles, was du fühlst, die Wurzeln in dir selbst hat. Versuche, emotionale Eindringlinge zu identifizieren und sie aus deiner Entscheidungsfindung herauszuhalten.

Wenn du einen Fehler machst, kannst du es erneut versuchen

Wir alle machen Fehler und zum größten Teil sind wir in der Lage, aus ihnen zu lernen. Einige von uns sind darin besser als andere, aber es ist immer möglich, neu anzufangen. Es ist okay, Fehler zu machen. Tatsächlich ist es gut, denn das bedeutet, dass du neue Dinge ausprobierst und Risiken eingehst. Wenn dein erster Versuch mit etwas nicht wie geplant funktioniert, gibt es eine weitere Chance auf Erfolg. Es kann einige Zeit dauern, bis du das gewünschte Ergebnis hast, aber am Ende ist es das wert.

Es gibt nur wenige Dinge, derer wir uns im Leben sicher sein können. Eine Sache ist, dass wir alle Fehler machen werden – einige kleine und einige katastrophale. Was wichtig ist, ist wie du auf diese unvermeidlichen Fehler reagierst. Gibst du auf, oder versuchst du, aus ihnen zu lernen?

Die Wahrheit ist, je mehr Fehler du machst, desto wahrscheinlicher wird es, dass dein Fehler eines Tages (vielleicht schon bald) zu einem großen Erfolg führt! Einfach weil du so viel aus dem gelernt hast, was in deinem Leben zuvor schiefgelaufen ist. Du würdest eine riesige Chance für deine persönliche Entwicklung und die Entwicklung deiner Fähigkeiten aufgeben, wenn du nicht etwas ausprobieren würdest, was du noch nie gemacht hast.

Extrinsische Motivation lässt dich von deinem Weg abschweifen

Was ist extrinsische Motivation? Der Begriff bezieht sich auf ein Verhalten, das aufgrund einer externen Konsequenz ausgeführt wird. Diese Art der Motivation unterscheidet sich erheblich von der intrinsischen Motivation, die von innen kommt und nicht von äußeren Einflüssen abhängig ist. Extrinsische Motivation kann durch die Belohnung für die Erledigung einer Aufgabe oder durch die Bestrafung bei Nichterledigung einer Aufgabe entstehen. Der Grund für deine Entscheidung, auf eine bestimmte Weise zu handeln, kommt also von äußeren Impulsen.

In vielen Fällen kann die extrinsische Motivation des Geldes dazu führen, dass man von seinem wahren Weg abweicht. Das liegt daran, dass es viele Ablenkungen gibt, die auftauchen können, um dich auf dem Weg zu halten. Du kannst dir hier leicht ein Beispiel vorstellen. Wenn du in einem Vollzeitjob beschäftigt bist, gibt es viele finanzielle Aspekte, die deine Entscheidungen beeinflussen. Dein Arbeitsvertrag könnte deine Pflichten auflisten, die du in deiner Position übernehmen musst. Es kann Bonuszahlungen geben, wenn du die Ziele in deiner Zielvereinbarung erreichst oder übertriffst. Oder du kletterst auf dem Karrierepfad nach oben und erhöhst dein Einkommen, wenn du ein bestimmtes Profil erfüllst, das deine Vorgesetzten in der Zusammenarbeit mit dir sehen wollen.

In meiner Karriere habe ich viel Druck verspürt, dem Weg zu folgen, der für mich vorgegeben wurde. Irgendwann habe ich gemerkt, dass dieser Weg nicht mehr der ist, den ich gehen wollte, da er nicht mit meinen persönlichen Werten übereinstimmte. Anstatt diesem Weg zu folgen, habe ich versucht, andere Wege zu finden, um weiterzukommen. Die extrinsische Motivation hatte mich jedoch eine ganze Weile auf meinem ursprünglichen Weg gehalten. Ich brauchte viele Versuche, um in eine neue Spur einzubiegen – vielleicht sogar zurück auf meine eigene Spur. Zumindest fühlt es sich heute so an.

In dieser Zeit habe ich die Erfahrung gemacht, dass extrinsische Motivation eine sehr starke Kraft ist, und vielleicht hast du das auch in deinem Leben festgestellt. Es gibt ein kleines Wort, das dir helfen kann, herauszufinden, was mit dir und der Welt um dich herum passieren könnte, wenn du dich entscheidest, weiterzugehen. Das ist einfach „Nein" zu sagen, wenn jemand dich bittet, etwas zu tun, was du nicht tun willst. Dann sind sie gezwungen, herauszufinden, wie sie ihre Aufgabe sonst ohne deine Hilfe erledigen können.

Versuche herauszufinden, wo du extrinsische Motivation in deinem Leben hast und wie du diese in etwas Neues umwandeln könntest, so dass du Herr oder Frau deiner Entscheidungen bist. Nur wenn du deiner intrinsischen Motivation folgst, wirst du in der Lage sein, deinen individuellen Weg in deinem Leben zu gehen. Lass dich nicht von etwas Äußerem aus der Bahn werfen.

Je länger du auf dem falschen Weg gehst, desto schwieriger wird es sein, wieder dorthin zu kommen, wo du hingehörst.

Kapitel 5

Plötzlich ist die Welt eine andere

Hin und wieder treffen wir Menschen, die unser Leben auf unerwartete Weise verändern. Eine solche Person war ein Trainer, Michael, den ich während eines Workshops kennengelernt habe. Damals hatte ich einen Kunden, der sich in einem Konflikt befand. Sie hatten ein Innovationsteam, das neue Ideen für ein neues Produkt für ihr Unternehmen entwickeln sollte, das den Erfolg der guten alten Zeit wiederherstellen sollte. Nur eben mit anderen und neuen innovativen Produkten und Dienstleistungen.

Die besondere Herausforderung dieses Teams war nicht ungewöhnlich: Es war ein gemischtes Team aus mehreren Abteilungen. Jeder hatte einen anderen Hintergrund von innerhalb und außerhalb des Unternehmens und alle waren begierig darauf, eine echte Veränderung in ihr Unternehmen zu bringen. Sie waren die wichtigsten Leute in der Organisation, deren einzige Aufgabe es war, die Existenz aller anderen zu retten.

In diesem Team gab es zwei Manager mit Führungsverantwortung, nämlich Judith und Ben.

Beide identifizierten sich natürlich sehr mit dem Innovationsteam und waren genauso sehr darauf bedacht, den Erfolg des gesamten Unternehmens wiederherzustellen, genau wie alle anderen im Team.

Allerdings war es nicht einfach, miteinander auszukommen. Mit der Zeit hatte sich ein Konflikt entwickelt.

Jeder wusste davon. Aber niemand hat darüber gesprochen. Das ist etwas, das ich in meinem Beratungsgeschäft sehr oft beobachten kann. Versteckte Konflikte sind wie der Elefant im Raum. Er ist da, aber niemand traut sich, seine Anwesenheit zuzugeben.

Die Folge dieses Konflikts war, dass das Team nicht nur durch die Erwartungen der obersten Führungsebene des Unternehmens unter Druck gesetzt wurde. Der Konflikt zwischen Judith und Ben war so intensiv, dass er das Innovationsteam sogar in zwei Gruppen spaltete, die sich schnell zu rivalisierenden Banden entwickelt hatten. Sie versuchten, den Fortschritt der jeweils anderen Gruppe zu manipulieren und zu sabotieren. Nicht die besten Voraussetzungen für Erfolg. Ein gewisses Maß an Wettbewerb kann hilfreich sein, wenn es darum geht, neue Ideen zu entwickeln, aber wenn es zu einem erbitterten Konkurrenzkampf kommt, wird die gemeinschaftliche Idee, Menschen zusammenzubringen, um gemeinsam an etwas zu arbeiten, einfach unmöglich.

Und da war ich nun in meinem ersten Workshop mit dieser Firma und mit diesem Team. Wir wollten einen neuen Innovationsprozess entwickeln, um einen Weg zu finden, wie man Innovation besser managen kann. An meiner Seite war ein erfahrener Berater für Teambuilding und Change-Management. Wir waren vorher darüber informiert worden, dass es zu einem Konflikt kommen könnte, also war ich froh, ihn an meiner Seite zu haben. Es zeigte sich schnell, dass seine Anwesenheit von hohem Wert war. Jede/r der beiden Alpha-

Manager nutzte schnell die Gelegenheit, sich als Herr und Frau des Universums zu präsentieren, und jede/r von ihnen machte deutlich, dass sie niemals einen anderen Gott neben sich akzeptieren würden. Es entwickelte sich eine intensive und laute Diskussion und stundenlang war kein Weg in Sicht, wie man die ganze Situation schlichten könnte, um an neuen Innovationsprozessen arbeiten zu können. Zum Glück hatten sie sich schon seit Stunden gestritten und es war Zeit für eine Mittagspause.

Während des Mittagessens hatten mein Co-Trainer Michael und ich die Gelegenheit, die ganze Konfliktsituation zu verdauen und wir beschlossen, über unsere Beobachtungen und Erkenntnisse zu sprechen. Jeder der Kombattanten versammelte sich mit „seinen" Gruppenmitgliedern, so dass wir schlussendlich an drei verschiedenen Tischen zu sitzen kamen.

„Für mich ist es offensichtlich!", sagte ich zu Michael. „Judith hat die Lösung! Sie weiß, wie man Innovationen perfekt umsetzt. Ben will nur der Anführer des ganzen Rudels sein und versucht, sie zu sabotieren, wo er kann. Er mag in seinem früheren Job ein guter Manager gewesen sein. Aber er ist nur ein Anfänger in Sachen Innovation. Er hat einfach noch nicht so viel Erfahrung. Dennoch scheint er eine starke Führungspersönlichkeit zu sein, und die Mehrheit des Teams fühlt sich von seinem Führungsverhalten angezogen! Warum sind alle so auf ihn fokussiert, statt auf die ideale Lösung?"

Um ehrlich zu sein, verstand ich einfach nicht, warum das gesamte Team nicht einfach beschloss, das Richtige zu tun. Das wäre doch eigentlich ganz einfach gewesen. Schließlich hatten alle das gleiche Ziel.

Wollte nicht jeder mit beeindruckenden innovativen Produkten aufwarten, die das Potenzial hätten, das Unternehmen zu retten und in eine neue und erfolgreiche Zukunft zu führen? Alle behaupteten, dass sie das wollten. Aber fast niemand hat so gehandelt. Stattdessen konzentrierten sie sich auf Konflikte und die Zerstörung der Arbeit und Errungenschaften der anderen. Vielleicht wäre es besser gewesen, sie einfach mit ihren destruktiven Einstellungen und Handlungen weitermachen zu lassen und zu gehen?

„Sieh mal.", sagte Michael. „So einfach ist es nicht. Du siehst Judith und ihre Anhänger, richtig? Du schaust auf Ben und seine Anhänger. Aus Judiths Sicht ist Ben in einem Trichter gefangen. Sie ruft ihn und sagt ihm, er soll nach draußen kommen, weil es dort viel schöner ist. Ben hört sie. Aber er sieht sie nicht innerhalb seines Trichters. Er weiß nicht, von wo aus sie ruft. Er weiß vielleicht nicht einmal, was sich außerhalb des Trichters befindet. Er ist irgendwie gefangen! Aber er weiß auch nicht, warum es wichtig sein sollte, auf Judith zu hören. Er ist an seinen Trichter gewöhnt und er gibt ihm die Richtung vor. Warum sollte er also etwas ändern?

Und Judith sieht ihn da drin und möchte, dass er herauskommt und seinen Blickwinkel erweitert, um sich etwas völlig Neues einfallen lassen zu können. Sie haben beide völlig unterschiedliche Perspektiven auf dieselbe Situation!"

Das hörte sich interessant an. Ben und Judith hatten unterschiedliche Perspektiven auf ihre gemeinsame Aufgabe. Anscheinend lagen diese Perspektiven sehr weit auseinander. Besonders Ben schien in einer Situation zu sein, die ihn und seine Möglichkeiten einschränkte. Er folgte dem Trichter und schnitt alles ab, was nicht innerhalb seiner Grenzen lag. Und er wusste auch nicht, was er anders machen sollte. Er sah auch nicht die Notwendigkeit, etwas zu ändern. Was er getan hatte, fühlte sich für ihn völlig richtig an.

Und Judith stand da und sah zu und forderte ihn auf, sich für neue Perspektiven zu öffnen. Sie wusste, dass dies ein guter Weg für Innovation war, da sie diese Erfahrung schon vor einigen Jahren für sich selbst gemacht hatte. Aber sie wusste nicht, wie sie ihm diese Idee nahebringen konnte, damit er entsprechend handeln konnte.

Richtig und falsch gehören zusammen

Für mich war dieser Austausch mit Michael sehr erhellend. Plötzlich wurde es so offensichtlich: Keiner von beiden hatte Unrecht! Judith hatte eine Erfahrung gemacht, bevor sie zu diesem Innovationsteam kam. Einmal war sie selbst in einem Trichter gewesen. Damals wusste sie selbst noch nicht, dass sie in einem Trichter war und dass sie da nur wieder raus musste. Und jetzt, wo sie diese Erfahrung gemacht hatte, kann sie von ihren Erkenntnissen profitieren und neue Herausforderungen besser bewältigen als zuvor. Wenn sie Ben sieht, möchte sie ihn unterstützen und ihn aus seinen Grenzen herausholen. Aber sie kann nicht erfolgreich sein, da Ben seine eigenen Erfahrungen machen muss. Sie muss ihm die Chance bieten, selbst etwas zu lernen.

„Aber trotzdem ist die Situation nicht gut für das Team und auch nicht gut für ihre Aufgabe, neue Produkte zu erfinden." sagte ich zu Michael. „Also, was sollen sie tun?"

Ich konnte in Michaels Gesicht sehen, dass ich die richtige Frage gestellt hatte. „Zieh die Bremse!", sagte er.

„Die Bremse ziehen?" „Ja! Wann immer du dich oder ein Team in einer solch emotional aufgeladenen Situation befindest, musst du die Bremse ziehen. Nimm das Tempo raus. Setze dich ruhig hin, beobachte und höre zu. Versuche zu verstehen! Das ist der erste Schritt!"

Das klang irgendwie wie das Gegenteil von dem, was ich erwartet hatte. Ich hatte gedacht, dass die Lösung sehr einfach war: Ben sollte zurücktreten und Judith die Leitung des Teams übertragen. Sie wusste, wie man Innovation macht und Ben musste nur noch ein paar mehr Erfahrungen machen und lernen, ein guter Innovationsmanager und Teamleiter zu sein.

Damit wäre der ganze Konflikt gelöst und sie könnten anfangen, neue Lösungen für ihr Unternehmen zu entwickeln.

„Wenn das Team so umstrukturiert würde, würden wir eine Menge Schaden anrichten", sagte Michael, nachdem ich ihm meinen Vorschlag für den weiteren Ablauf unseres Workshops gleich nach der Mittagspause mitgeteilt hatte. „Nicht nur für die Idee und den Zweck dieser Innovationseinheit. Wir würden auch eine riesige Lernchance für dieses Team und vor allem für die beiden Wettstreiter auslassen!"

Er hatte Recht. Würde es Ben wirklich helfen, wenn jemand anderes über ihn urteilte und ihm sagte, wie er sich zu verhalten hatte? Was er zu tun und zu lassen hatte? Natürlich konnten seine Angriffe auf Judith nicht mehr toleriert werden. Aber dennoch war er ein Individuum, das mit Respekt behandelt werden musste. Und auch Judith hatte keine weiße Weste, da sie Bens Bestrebungen anzugreifen versuchte. Obwohl sie Bens Situation analysieren konnte und sogar behauptete, zu wissen, was richtig war, konnte sie einfach nicht das Beste aus der Situation machen. Das Beste, was sie alle tun konnten, war, sich zusammenzusetzen und zu beginnen, ihre Perspektiven auszutauschen.

Da war es! Michael und ich hatten unsere Agenda für den Nachmittag: Die Köpfe zusammenstecken und damit beginnen, die Perspektiven des anderen zu verstehen. Und genau so fing es an.

In den nächsten Stunden hörten Ben, Judith und die anderen Teammitglieder einander zu und tauschten ihre Ansichten und Perspektiven über die Aufgabe ihres Teams, ihre Ziele, ihre Erfahrungen und was immer ihnen wichtig erschien, aus. Es war eine intensive und manchmal kleinteilige Diskussion, trotz aller Konflikte und Kämpfe der Vergangenheit. Der Konflikt war immer noch da, aber auf einmal war es für alle möglich, darüber zu sprechen.

Am Abend waren Ben und Judith zwar keine echten Freunde geworden. Aber sie blickten auf einen Tag zurück, der ihre Perspektiven erweitert hatte. Es lag noch ein weiter Weg vor ihnen und sie wussten nicht, was auf sie zukommen würde. Aber sie waren froh, dass sie einen Schritt nach vorne gemacht hatten. Von dort aus konnten sie ihr Vorhaben aus einem neuen Blickwinkel betrachten.

Schaue in eine andere Richtung, ohne den Kopf umzudrehen

Menschen sind oft so festgefahren, dass sie nicht sehen, wie sehr sich die Dinge ändern können, wenn sie ihre Sichtweise nur ein wenig ändern. Sie stecken fest mit einer Perspektive auf sich selbst, andere und die Welt. Bis sie jemanden treffen, der ihre Sichtweise für immer verändert. Dies kann ganz plötzlich geschehen.

In meiner kleinen Geschichte oben war es Michael, der mir neue Einsichten ermöglichte. Das Ziehen der Bremse in einer Situation voller Emotionen und Konflikte half einem ganzen Team, einen Schritt nach vorne zu machen. Zuvor waren sie im Vollgas-Modus gelaufen, wussten aber nicht, wohin sie die ganze Energie lenken sollten. Plötzlich machte alles einen Sinn und seit diesem Moment ziehe ich die Bremse, wann immer ich Konflikte beobachte oder selbst Teil eines Konflikts bin.

Du merkst vielleicht nicht, wie begrenzt deine Sichtweise ist, bis du mit einem neuen Freund sprichst oder etwas anderes für dich selbst ausprobierst. Verändere deine Sichtweise, indem du mit jemandem sprichst, der anders ist als du oder etwas Neues ausprobierst! Das wird deine Perspektiven erweitern und es kann dich in unbekannte Richtungen führen, die viel besser sein könnten als die Situation, in der du dich jetzt befindest.

Du weißt einfach nicht, was da draußen auf dich wartet. Aber das hört sich einfacher an, als es im wirklichen Leben sein könnte.

Ben hatte einige Probleme mit dem Ziehen der Bremse. Er war begierig darauf, etwas zu lernen und wollte weitermachen. Er konnte Judith und ihre Sichtweise verstehen, aber er war nicht wirklich bereit, einen Schritt zurückzutreten. War er nicht aus einem bestimmten Grund in dieses Team gewählt worden? Warum sollte er nicht beweisen, dass er die richtige Wahl war? Andernfalls könnte seine Karriere einen Knick bekommen. Was würden die anderen über ihn sagen?

Und auch für Judith war es nicht einfach. Sie konnte akzeptieren, dass andere Leute im Team eine andere Sichtweise auf die gemeinsamen Ziele und Aufgaben hatten. Aber für sie fühlte es sich an, als würde sie nicht mehr dazugehören. Was seit einigen Monaten ein

*unbewusstes Gefühl gewesen war, war ihr plötzlich
schlagartig klar geworden. Jetzt verstand sie, warum sie
ihre Ideen in diesem Team nicht auf die Straße bringen
konnte.* **Die Perspektiven ihrer Kollegen halfen ihr, sich
mit dem gesamten Team zu verbinden und zu verorten.**
*Und sie erkannte für sich selbst, dass dies nicht das
Umfeld war, in dem sie ihre Karriere fortsetzen wollte.
Sie beschloss, dass sich etwas ändern musste!*

*Aber was sollte sie tun? Sie war seit Jahren bei dieser
Firma, sogar seit über einem Jahrzehnt! Sie wollte sich
nicht einfach abwenden und Lebewohl sagen, nur weil sie
merkte, dass dieses Kapitel vorbei zu sein schien. Was
sollte sie überhaupt in ihren Lebenslauf schreiben, wenn
sie neue Bewerbungen verschicken wollte? Sie hatte
gerade erst diesen Job im Innovationsteam angefangen.
Es fühlte sich an, als hätte sie komplett versagt. Und was
würde der richtige nächste Schritt sein?*

Was macht dich zu dir?

Sich selbst verloren zu fühlen ist nicht schön. Es ist das Gefühl,
so weit von dem entfernt zu sein, von dem du dachtest, dass
du es bist und was du sein willst. Du bist vielleicht so voller
Emotionen und Pläne, dass du deine ganze Karriere und sogar
dich selbst und deine Fähigkeiten in Frage stellst. Das kann
sogar zu einer echten Krise führen, wie einer Midlife-Crisis.
Erinnerst du dich, was ich von Michael gelernt habe? In solch
einer Situation ist es am besten, die Bremse zu ziehen, um
beobachten und zuhören zu können.

Es gibt eine besondere Art von Bremse, die ich mit dir teilen
möchte, da diese dir erlaubt, in eine völlig neue Richtung zu
schauen, ohne den Kopf umdrehen zu müssen.

Du könntest versuchen, dich damit auf eine ganz andere Art und Weise zu betrachten und dir von dort aus neue und ungeahnte Perspektiven eröffnen: Lerne deine Stärken kennen.

Wie machst du das?

Beginne dein Abenteuer noch heute

Es ist Zeit für eine Übung.

Glaubst du, dass du dich selbst wirklich kennst?

Lass uns ein Experiment machen! Jetzt ist eine gute Zeit für eine kleine Herausforderung.

Stell dir vor, du müsstest dich für einen neuen Job bewerben. Du hast irgendwo eine Stellenausschreibung gefunden und du bist die perfekte Besetzung für diese Position. Du willst also unbedingt diesen Job bekommen.

Aber die Firma, die dich einstellen soll, will weder deinen Lebenslauf noch ein Bewerbungsschreiben.

Sie wollen nur, dass du eine einzige Frage beantwortest:

„Was macht dich zu dem Menschen, der du bist?"

Was würdest du schreiben?

Nimm dir die nächsten 5 Minuten Zeit, um dir eine Antwort auf diese Frage einfallen zu lassen.

Versuchst du weiterzulesen, ohne die Übung zu machen? Du würdest eine große Chance für dich selbst aufgeben, wenn du ohne diese Übung weitermachst.

Versuche es gleich jetzt! Nutze den Platz unten und auf der nächsten Seite für diese Übung!

„Was macht dich zu deinem Ich?"

Und nun versuche, alles, was du geschrieben hast, in einem einzigen Satz zusammenzufassen. Vielleicht zwei Sätze, aber nicht mehr!

Nimm dir noch einmal 5 Minuten Zeit und schreibe die Worte auf, die dich zu deinem Ich machen!

Hast du deinen Satz? Super!

Was hast du dir einfallen lassen? Hast du deine Qualifikationen wie in einem Lebenslauf aufgelistet? „Wo bin ich zur Schule gegangen, was waren meine Studienfächer, was kann ich besonders gut, verheiratet, geschieden, ledig, mit Kindern oder ohne?" Kannst du mit Text- und Grafikbearbeitungssoftware umgehen? Was haben andere Menschen über dich gesagt? Vielleicht ehemalige Arbeitgeber? Und so weiter, und so weiter.

Ist es das, was dich zu dem macht, was du bist? Oder ist da noch etwas anderes?

Ich war in der gleichen Situation. Vielleicht erinnerst du dich an meine Geschichte aus einem der letzten Kapitel, als ich über meine mehreren Versuche schrieb, meinen Job zu kündigen. Aber dann sagte mir jemand anderes, dass eine andere Position besser für mich wäre und ich bleiben sollte.

Zu dieser Zeit ließ ich andere Menschen definieren, was mich zu mir machte.

Du bist eine starke Persönlichkeit

Eines Tages entdeckte ich ein Konzept, das meinen Horizont enorm erweitert hat. In den letzten Jahrzehnten gab es mehrere Studien darüber, was Menschen glücklich macht. Und sie fanden etwas scheinbar Einfaches, aber dennoch sehr Wirkungsvolles heraus: Wenn Menschen die Chance bekommen, ihre Stärken regelmäßig einzusetzen, werden sie glücklicher und zufriedener.

Was für eine tolle Erkenntnis! Das klingt wirklich toll: ein Leben mit mehr Glück und Zufriedenheit, indem man einfach seine Stärken lebt. Wie aufbauend und energetisierend wäre das für dich? Wenn das wirklich funktionieren würde, müsstest du nur deine Stärken besser kennen und wissen, wie du sie mehr in deinem Leben, auch in deinem Berufsleben, einsetzen kannst. Also, was sind deine Stärken?

Zum Glück haben Wissenschaftler viel darüber geforscht und sie haben verschiedene Tests entwickelt, die du selbst durchführen kannst, um deine Stärken zu identifizieren.

In der folgenden Tabelle findest du eine Liste von 24 sogenannten Charakterstärken vom VIA Institute on Character, um nur ein Beispiel zu nennen. Charakterstärken sind die positiven Teile deiner Persönlichkeit, die beeinflussen, wie du denkst, fühlst und dich verhältst.

Beginne dein Abenteuer noch heute

Es ist Zeit für eine Übung.

Was sind deine Stärken?

Studien haben gezeigt, dass ein Leben nach deinen Stärken dich glücklicher machen kann. Um dies zu erreichen, müsstest du wissen, was dich stark macht.

Auf der nächsten Seite findest du eine Tabelle, in der 24 sogenannte Charakterstärken aufgelistet sind, die von der wissenschaftlichen Forschung ermittelt wurden. Deine Aufgabe:

Identifiziere deine 5 Top-Stärken, die du in dir selbst siehst und kreise diese in der folgenden Tabelle ein!

Nimm dir die nächsten 5 Minuten Zeit, um deine Stärken zu identifizieren.

Dies ist die Tabelle mit 24 Charakterstärken[1] :

Kreativität	Neugierde	Urteilsvermögen
Liebe zum Lernen	Weisheit	Tapferkeit
Authentizität	Ausdauer	Enthusiasmus
Bindungs-fähigkeit	Freundlichkeit	soziale Intelligenz
Teamwork	Fairness	Führungs-vermögen
Vergebungs-bereitschaft	Bescheidenheit	Vorsicht
Selbstregulation	Sinn für das Schöne	Dankbarkeit
Hoffnung	Humor	Spiritualität

Nachdem du nun deine Stärken identifiziert hast,
wiederhole die Aufgabe, die dir oben gestellt wurde:

**Sage dir in einem einzigen Satz, was dich
ausmacht! Verwende diesmal deine
Stärkenbewertung, um diesen Satz zu formulieren.**

„Was macht dich zu deinem Ich?"

Sieh dir zum Schluss deinen neuen Satz an:

Gefällt er dir?

Eröffnet er dir bereits eine neue Perspektive auf dich, auf dein Leben, auf deine Vergangenheit und deine Zukunft – ohne dass du den Kopf umdrehen musst?

Ich bin sicher, das tut er! Wenn es das nicht tut:

Versuche, deinen Satz zu modifizieren.

Und wenn das nicht hilft:

Sprich mit jemandem, der / die dich kennt und erzähle ihm / ihr von deinen 5 Top-Stärken. Vielleicht können sie dir helfen, deinen starken Satz zu formulieren.

Hat es bei dir funktioniert? Herzlichen Glückwunsch! Du bist auf dem Weg in eine neue Richtung! Und das hilft dir, den allerersten Schritt in dein Abenteuer zu machen.

Wenn es nicht geholfen hat: Gib nicht auf! Versuche es noch einmal! Frage andere Menschen, die dich kennen und sprich mit ihnen über deine Stärken!

Kapitel 6

Die Herausforderung annehmen

Wir alle wollen unsere Ziele erreichen, aber wir wissen nicht immer wie. Du weißt nicht, was als nächstes passieren wird. Ich weiß nicht, was als nächstes passieren wird. Aber wir beide wissen, dass du diese Herausforderung annehmen musst, um zur Lösung zu gelangen. Die Welt wird nicht auf einen von uns beiden warten.

Mit deiner neuen Sichtweise im Hinterkopf kannst du jetzt Herausforderungen lösen, indem du in der Lage bist, alternative Wege zu entdecken, die zu einem besseren Ergebnis führen können, als der, der ursprünglich von dir geplant war. Hast du dich schon mit dieser neuen Sichtweise vertraut gemacht? Klingt sie gut? Magst du sie? Hast du schon einmal versucht, sie auf Entscheidungen zu projizieren, die du in der Vergangenheit getroffen hast? Hast du sogar versucht, deine Entscheidung, die du vor Jahren getroffen hast, zu beurteilen?

Fall nicht auf diesen Trick herein! Damals wusstest du noch nicht, was du jetzt weißt: Du hast deine Sichtweise erweitert, und das ermöglicht dir, neue Wege zu sehen.

Ich kann es kaum erwarten zu sehen, was als nächstes passiert!

Ich bin mir sicher, dass du das weißt: Es ist nicht einfach, nach vorne zu schauen, wenn die Vergangenheit nur darauf wartet, dass du Mist baust und Fehler machst.

Die Erinnerungen an deine letzten Jahre sind noch frisch in deinem Kopf, als wären sie auf die Rückseite deiner Augenlider geschrieben. Du solltest vielleicht Paul kennenlernen.

Paul ist Ende 30 und hatte gerade festgestellt, dass seine Karriere in den letzten Monaten irgendwie ins Stocken geraten war. Als ich ihn traf, erzählte er mir von seinen Gedanken und Gefühlen: „Ich kann nicht anders, als an die Vergangenheit zu denken, das ist immer so viel einfacher, als an die Zukunft zu denken. Ich weiß, du bist es wahrscheinlich leid, mich über meine Fehler weinen zu hören, aber sie stören mich immer noch und lassen mich wie einen Versager fühlen, wenn ich mich nicht auf das freue, was als nächstes kommt. Es fühlt sich an, als lebte ich in der Vergangenheit – jedes Mal, wenn ich meine Augen schließe, verschwindet all das aus dem Jetzt und ich sehe nur noch die Vergangenheit, wo alles klar ist. Die Gegenwart verschwimmt in diesen Nächten, in denen der Schlaf nicht so leicht kommt, und der Versuch, die Augen stundenlang offen zu halten, ohne dass etwas passiert, funktioniert bei manchen Menschen einfach nicht."

Kannst du dir vorstellen, wie Pauls Situation war? Als ich ihn traf, hatte er gerade entdeckt, dass er etwas ändern musste. Er wusste nur nicht, was. Das einzige, was er wusste, war seine Vergangenheit. Aber diese definiert nicht die Zukunft.

Viele Menschen fallen auf den Gedanken herein, dass man aus der Vergangenheit ableiten kann, wie die Zukunft sein wird. Aber das kannst du niemals! Nun, bis zu einem gewissen Grad natürlich schon. Aber weißt du wirklich, was in einem Jahr mit dir passieren wird? Was wird mit deinem Job, mit deinem Haus, mit deiner Beziehung passieren? Wenn du ehrlich bist, weißt du es einfach nicht! Was du vielleicht tust, ist anzunehmen und zu hoffen, dass alles so bleibt, wie es ist, oder dass es so bleibt, wie du es heute magst. Aber die Bedingungen für deine Sichtweise auf die Vergangenheit können sich jederzeit ändern. Je mehr Zeit vergeht, desto schwieriger wird es auch, sich daran zu erinnern, was diese Momente wirklich bedeuten.

Und während wir nicht ändern können, was in unserer Vergangenheit passiert ist, können wir entscheiden, wie viel Einfluss das auf unsere Zukunft haben wird.

Die Vergangenheit ist das Einzige, was wir mit Sicherheit wissen. Die Gegenwart, die Zukunft und alle anderen Konzepte von Zeit sind relativ zu diesem Bewusstsein, dass uns nur die Vergangenheit bekannt ist. Es wäre eine gute Option für dich, dies so zu akzeptieren, wie es ist. Das ist manchmal leichter gesagt als getan. Und es kann eine Menge Spannung in deinen Geist bringen. Diese Spannung erleben wir oft als Stress.

Ruhig bleiben

Paul hat gerade einen Besprechungsraum betreten. Sein Projektteam hatte ihn gebeten, den endgültigen Entwurf der Projektzusammenfassungspräsentation vorzustellen, die später an diesem Tag an den Vorstand ihres Unternehmens geschickt werden sollte.

Sobald er mit der Präsentation seiner Folien begann, konnte er etwas an seinem gesamten Körper spüren.

Das, was er vorbereitet hatte, entsprach überhaupt nicht den Erwartungen seiner Zuhörer.

„Ich spürte, wie mir Schauer der Angst über den Rücken liefen." sagt Paul. *„Ich wusste, dass das Meeting nicht gut lief, aber das war nichts, was ich kontrollieren konnte. Je mehr sie mich kritisierten, desto nervöser wurde ich, und das zeigte sich auch in meinem Gesicht. Plötzlich fielen ein paar Witze, und niemand wollte mir mehr zuhören. Ich wurde verspottet."* „Und wie hast du reagiert?", *fragte ich Paul.*

Nun, wie hat Paul reagiert? Offensichtlich befindet er sich in einer Stresssituation. Sein Körper zeigt typische Reaktionen und er ist sich der Situation ziemlich bewusst.

Wenn Menschen gestresst sind, zeigten sie grundsätzlich eine von vier Reaktionen: Kampf, Flucht, Erstarren oder Einschmeicheln. Dies sind Verhaltensweisen von Lebewesen, die du überall in der Natur beobachten kannst. Schauen wir sie uns einmal genauer an.

Wenn du gestresst bist, reagierst du vielleicht mit Angriff. Kämpfe ums Überleben! Wir könnten uns vorstellen, wie Paul in diesem Meetingraum steht und seine Kollegen beobachtet, wie sie Witze machen und seine Präsentation kritisieren.

„Es reicht!", rief Paul. Er war sehr wütend. Alle im Publikum warfen ihm vor, nicht wie versprochen qualitativ hochwertige Arbeit zu liefern. Er versuchte, sich zu verteidigen und ein Argument vorzubringen, aber sie kauften es ihm nicht mehr ab. Paul konnte nicht anders, als wütend auf sie zu sein, weil sie so grausam und blind waren.

Also beschloss er, sich im Namen seiner Würde zu wehren, indem er einige Leute im Publikum mit harschen Worten angriff und ihnen vorwarf, sie hätten ihn in der letzten Woche nicht unterstützt, als er die Folien vorbereitet hatte. Sofort entfaltete sich eine intensive und lebhafte Diskussion, die ziemlich emotional war, mehr aber auch nicht. Denn sie trug nicht viel dazu bei, die Präsentation fertigzustellen, damit sie später an diesem Tag noch verschickt werden konnte.

Dies gibt uns eine Vorstellung davon, wie ein Angriff durch eine gestresste Person aussehen könnte. Wie würde die Geschichte verlaufen, wenn diese Person versuchen würde, der Situation zu entkommen?

Paul klappte seinen Laptop zu und verließ den Raum. Er sprintete durch den Korridor. Er spürte, wie ihm ein kalter Schweiß den Rücken hinunterlief. Er blickte zurück und sah, dass seine Kollegen ihn verfolgten, als ob sie ihn mit ihren Augen ermorden wollten – ekelhaft! Paul rannte schneller, bis er es endlich schaffte, ihnen zu entkommen. Er lief eilig über den Campus, weg von dem Gebäude, in dem er seinen Vortrag gehalten hatte, und setzte sich auf eine Bank mit Blick auf einen See. Während er tief einatmete, um die Tränen zu unterdrücken, bemerkte er, wie schön es draußen war.

Was für eine völlig andere Geschichte und was für eine völlig andere Reaktion auf diese stressige Situation. Aber es gibt noch eine andere Art in Stresssituationen zu reagieren und diese ist der Grund, warum Paul in dieser dritten Folge erstarrt:

Paul versuchte, seine Fassung zu bewahren. War es das, was er immer wollte? Einen Job zu haben, bei dem die Leute ihm sagen würden, dass seine Arbeit unter ihrem Standard lag? Wo das Einzige, was er tun musste, war, gut genug zu sein, damit er anderen Leuten gefallen konnte? Was für eine Ironie des Ganzen! Er hatte nicht einmal Spaß an diesem Job. All die Zeit, die er mit etwas verbrachte, das ihn nicht erfüllte. Aber auch hier gilt: Um Erfüllung im Leben zu finden, muss man erst einmal irgendwo anfangen und sich allmählich hocharbeiten. Deshalb stand Paul mit ausdruckslosem Gesicht da und hörte aufmerksam zu, als sie weiter darüber sprachen, was an seiner Präsentation verbessert werden musste, damit sie rechtzeitig verschickt werden konnte.

Tatsächlich gibt es sogar noch eine vierte Reaktion, die wir in Stresssituationen zeigen können: Einschmeicheln.

Paul fühlte sich mit seiner Präsentation unwohl. Seine Kollegen waren nicht glücklich darüber und sie unterstützten ihn nicht. Dieses Mal gingen sie zu weit. Sie sagten, dass seine Präsentation von sehr geringer Qualität sei. Er musste ihnen Recht geben, sie war nicht gut. Aber wenn man sein Leben damit verbracht hat, den Leuten immer zu gefallen und nett zu sein, ist es schwer, sich nicht durch die Meinung eines anderen verletzt zu fühlen.

Paul fing an, sich menschenfreundlich zu verhalten, als ob gar nichts passiert wäre. Er hörte sich alle Kommentare und Anschuldigungen seiner Kollegen an und rechtfertigte sich in keiner Weise. Er stimmte einfach

allen Kritikpunkten zu, denn er wollte der Situation nur
noch entkommen.

Warst du schon einmal in einer dieser Situationen, in denen
Paul plötzlich war? Möglicherweise ja. Du warst dir vielleicht
nicht bewusst, dass deine Reaktionen durch Stress verursacht
wurden. Aber du hättest dich vielleicht ganz ähnlich verhalten.
Sicherlich konntest du diese Art von Verhalten schon bei
anderen Menschen beobachten.

Unsere Reaktion auf Stress ist etwas, das wir selbst nicht
wirklich kontrollieren können, da unser Körper einfach
reagiert, bevor wir überhaupt darüber nachdenken können.
Wir können jedoch versuchen, unser Bewusstsein dafür zu
schärfen.

Sei dir solcher Situationen auch dir selbst gegenüber bewusst.
Denn nicht nur mit anderen Menschen können wir in stressige
Situationen gelangen. Wir können auch mit uns selbst gestresst
sein!

Das ist für die meisten von uns eine echte Herausforderung!

Du hast ein Problem und willst es lösen

Du hast also gerade entdeckt, dass du einige Stärken hast, die
dir vorher vielleicht nicht bewusst waren. Außerdem hast du
beschlossen, dass du etwas in deinem Leben ändern möchtest.
Aber da ist deine Vergangenheit, die du nicht mehr ändern
kannst, da ist die Gegenwart, die sich irgendwie unangenehm
anfühlt und jetzt noch undefinierter ist als vorher. Da ist die
Zukunft (noch) nicht, die du nicht vorhersehen kannst. Wie
könnte sich ein Mensch noch gestresster fühlen, als er es
ohnehin schon ist?

Wir sind alle beschäftigte Menschen, die immer etwas anderes im Kopf haben, also lass uns jetzt handeln, bevor die Zeit abläuft. Sei höflich zu dir selbst und gib zu: die Situation ist so, wie sie im Moment ist. Es ist gut, dass du entdeckt hast, dass du etwas ändern willst. Aber das muss nicht sofort geschehen. Die Lösung ist noch nicht da. Du wirst noch einige Schritte gehen müssen, um sie zu finden.

Das sehr Gute ist, dass du dich entschieden hast, den ersten Schritt bereits zu tun: Nutze deine Stärken in vollem Umfang! Und dann mache von dort aus weiter.

Das Schlimmste, was dir passieren kann, ist, dass du in eine der vier Stressfallen gerätst, wie sie auch Paul zu bewältigen hatte. In den meisten Fällen gibt es für dich keinen Grund, dich selbst unter Druck zu setzen. Du musst deinen Job nicht sofort kündigen – vielleicht sogar nie. Du musst nicht an einen anderen Ort ziehen. Du musst keine Beziehungen aufkündigen. Alles beginnt damit, dass du dir deiner Stärken bewusst bist und versuchst, sie in allem, was du tust, zu maximieren.

In dieser Phase deines Abenteuers gibt es eine Menge Ungewissheiten und du hast vielleicht viele Fragen im Kopf. Aber so ist ein Abenteuer nun mal: ungewiss und voller Möglichkeiten! Es ist deine Entscheidung, ob du die Dinge schnell oder langsam angehen willst. Das hängt auch davon ab, wie viel Druck und Stress du insgesamt aushalten kannst.

Du hast die volle Kontrolle.

Immer!

Je mehr Schritte du machst, desto klarer wird dein Weg

Die Menschen von heute sind mit einem Dilemma konfrontiert. Die Welt verändert sich und das müssen wir selbst auch, um mitzuhalten oder ansonsten zurückzufallen. Aber es ist nicht immer einfach für uns als Individuen, die sich an die Art und Weise gewöhnt haben, wie die Dinge vor dieser Veränderung waren. Was bedeutet das für mich? Wie sollte ich mein Leben jetzt angehen?

Die Antworten können von Person zu Person unterschiedlich ausfallen, je nachdem, wo sie leben, wie alt sie gerade sind, was ihre Lebensziele zu einem bestimmten Zeitpunkt sind... und so weiter und so fort... Ich schätze, dass eine Frage nur zu einer anderen führt, die mich letzten Endes wieder an den Anfang zurückführt.

Denn es gibt eigentlich wirklich keine Antwort; nur mehr Fragen, als man überhaupt beantworten kann!

Offensichtlich leben wir in einer Zeit, die mehr denn je einen klaren Weg erfordert. Man muss wissen, was man will und wie man es bekommt. Die Schritte, die wir heute gehen, werden die sein, die uns morgen zum Erfolg führen. Was dir aber nicht gesagt wird, ist, dass dies niemals geplant werden kann! Jeder Plan, den du zu machen versuchst, ist imaginär, da er nichts über die Zukunft wissen kann! Das ist nur möglich in einer mechanischen Welt, die von Maschinen und Computern beherrscht wird.

Das Leben ist anders. Es endet nie mit einem Scheitern, nur mit Veränderung und der Hoffnung auf Besseres, das kommen wird. Es kann chaotisch und kompliziert sein. Es besteht aus vielen verschiedenen Dingen, sowohl guten als auch schlechten, aus denen wir lernen müssen, wenn wir wollen, dass sich eines Tages in der Zukunft alles zum Guten wendet.

Und wir können uns nur vorwärtsbewegen, wenn wir einen Schritt nach dem anderen machen.

Der Weg ist unbekannt, und es kann schwer sein, motiviert zu bleiben, wenn es schwierig wird. Vielleicht sehnst du dich auf dem Weg nach der Vergangenheit, da sie dir so präzise und vielleicht sogar logisch erscheint.

Das ist nur möglich, weil du auf dem Weg so viele neue Dinge gelernt hast, dass sie sich heute so vertraut anfühlen, dass du vielleicht vergessen hast, dass sie dir unbekannt waren, bevor du dich entschieden hast, etwas Neues auszuprobieren.

Jetzt ist es an der Zeit, dies wieder zu tun: Mach die nächsten Schritte auf deinem Weg, etwas Neues zu lernen!

Du musst etwas tun, um weitermachen zu können.

Kapitel 7

Lernen ist Handeln

Paula hat gerade ihr eigenes Unternehmen gegründet. Sie hatte sich entschlossen, ihre Position in einem großen internationalen Konzern zu verlassen, obwohl sie im Laufe der Zeit eine recht erfolgreiche Karriere gemacht hatte. Vor über einem Jahr war sie sogar gerade Teamleiterin geworden. Aber sie wollte diesen Weg einfach nicht mehr weitergehen. Also erinnerte sie sich an diese bestimmte Idee aus ihren jüngeren Tagen und gründete damit ihr Unternehmen.

Sie erinnerte sich noch an den letzten Tag in der Firma, als ihre Kollegen eine Abschiedsfeier für sie organisierten. So viele Leute waren gekommen und mit vielen hatte sie sich im Laufe der Zeit sogar angefreundet. Sollte sie sie wirklich verlassen? Oder würden sie sie eines Tages sogar vergessen, weil sie nicht mehr da war?

Mittlerweile ist es über sechs Monate her, als sie endlich den Mut fasste, sich mit ihrem eigenen kleinen Unternehmen selbstständig zu machen. Und es dauerte nicht lange, bis Paula erfuhr, dass es eine ganze Reihe von Leuten gibt, die sagen, dass sie sie vermissen würden.

*Aber sobald sie erst einmal aus dem Job raus sein würde,
bekäme sie nie mehr auch nur einen einzigen Anruf von
ihnen. Das machte sie hin und wieder ein bisschen
traurig. Trotzdem war sie froh, dass sie sich entschieden
hatte, zu gehen, denn ihr neuer Job war viel erfüllender
als der letzte und bereicherte ihr Leben in einem Ausmaß,
das sie vorher nicht gekannt hatte.*

Lernen ist das Einzige, was du tun kannst, was andere Menschen nie erfahren werden

Hast du dich jemals gefragt, wie es wäre, bei Null anzufangen und das Leben zum ersten Mal zu erleben? Das haben wir alle. Du kannst dies tun, indem du neue Dinge lernst, oder indem du alte Fähigkeiten neu erlernst. Es gibt so viele Möglichkeiten da draußen für Menschen, die etwas Neues lernen wollen.

Auf der anderen Seite erfordert das Lernen bis zu einem gewissen Grad auch eine gewisse Anstrengung. Um etwas Neues zu lernen, muss man sich auf das Unbekannte einlassen. Das kann nicht nur eine Herausforderung für dich sein: Es ist auch eine Herausforderung für die Menschen um dich herum.

Als ich mich entschied, meinen Job zu kündigen, um mein eigenes Unternehmen zu gründen, sagten mir viele meiner ehemaligen Kollegen, dass ich mutig wäre. Bis heute habe ich nie verstanden, was sie damit wirklich meinten. Die meisten von ihnen oder zumindest 99,9% von ihnen hatten noch nie eigene Erfahrungen mit der Gründung eines eigenen Unternehmens gemacht. Aber trotzdem dachten sie, dass sie meine Entscheidung einschätzen könnten. Ich muss zugeben, dass es charmant ist, als mutig bezeichnet zu werden – aber dennoch: weder sie noch ich wussten wirklich, worüber wir bei der Gründung meines eigenen Unternehmens sprachen.

Aus Fehlern lernen

Es gibt so viel, was schief gehen kann. Und um ehrlich zu sein: es wird so viel schief gehen. Sogar mehr als du dir vorstellen kannst! Aber es können auch so viele gute Dinge passieren. Sogar aus deinen Fehlern.

Ich erinnere mich noch an das erste Angebot, das ich an meinen hoffnungsvollen ersten Kunden verschickte (das sich später als abgelehnt herausstellte).

Wir kannten uns schon eine Weile von der Zusammenarbeit in dem einen oder anderen Projekt, als wir noch in der gleichen Firma angestellt waren. Also dachten wir beide, dass es eine gute Idee sein könnte, eine Kooperation zu starten: ich als externer Berater und er als Auftraggeber, der Unterstützung durch einen Freiberufler brauchte.

Es klang nach einer klassischen Win-Win-Situation. Aber es stellte sich schnell heraus, dass es keine war. Es kam nicht einmal so weit. Aber fangen wir vorne an.

Als wir anfingen, unsere Idee für die Zusammenarbeit im Detail zu skizzieren, waren wir uns schnell einig über die Umrisse der Zusammenarbeit in Bezug auf das, was zu tun ist. Was wären meine Aufgaben und Verantwortlichkeiten? Wie würden wir unsere Zusammenarbeit organisieren? All die wichtigen Dinge über Inhalte und Tools. Ich hätte also sofort loslegen können. So gut wie.

Die Notwendigkeit, Geld zu verdienen, ist ein Thema, dem sich niemand entziehen kann, der sein eigenes Unternehmen führen und erfolgreich machen möchte.

Das schließt natürlich auch mich ein, was bedeutet, dass es an der Zeit war, darüber zu sprechen, wie ich finanziell entschädigt werden würde.

Also wurde ich gebeten, einen Vorschlag für ein Vergütungsschema zu unterbreiten: Preis pro Stunde, durchschnittliche Stunden, die in ein Projekt fließen, wie wir es in unseren vorherigen Diskussionen skizziert hatten und so weiter.

Also setzte ich mich über das Wochenende vor meinen Computer und entwickelte meine erste Preiskalkulationsmodell. Es war sehr ausgeklügelt, da es auch hohe Mengenrabatte automatisch berechnen konnte. Man musste nur die Anzahl der in einem bestimmten Zeitrahmen gelieferten Stunden eingeben, sie mit dem Grundvergütungssatz mischen und mit einem Klick würde ich meine jährliche Einkommensprognose sehen. Was für ein nettes Werkzeug hatte ich mir da wieder einmal gebastelt! Ich spielte also viel damit herum und entschied, dass ich den richtigen Preis für mein Angebot gefunden hatte.

Ich fasste meine Analyse zusammen, schrieb eine E-Mail mit meinen Erwartungen an die Vergütung und schickte sie an mein Gegenüber, mit dem ich weiterhin zusammenarbeiten wollte, drückte auf den „Senden"-Knopf und genoss den Rest meines Wochenendes.

Die Realität ist ein Traum

Ich musste nicht lange auf eine Antwort auf meine E-Mail warten. Sie war kurz und präzise: „Zu teuer. Zu kompliziert." Ich konnte meinen Augen nicht trauen. Hatte ich diese Worte wirklich dort gelesen? Aber sie änderten sich nicht, egal wie oft ich diese E-Mail schloss und wieder öffnete.

Ich war verwirrt. Wollten wir nicht beide zusammenarbeiten? Und was war falsch an meinem Vergütungsmodell? Zu teuer? OK. Zu kompliziert? Vielleicht. Aber die E-Mail enthielt keine einzige Zeile der Erklärung, was ich ändern musste. Nichts.

Also habe ich natürlich auf diese E-Mail geantwortet und um eine Gelegenheit gebeten, darüber zu sprechen. Wieder wartete ich auf eine Antwort. Aber sie kam nicht. Nicht am selben Tag. Nicht am nächsten Tag. Nicht einmal am Ende der Woche. Meine Anrufe landeten immer auf die Mailbox, und mehrere Monate lang bekam ich keine einzige Chance, in dieser Zeit auch nur eine Minute lang über dieses Erlebnis zu sprechen, das ich absolut nicht verstehen konnte.

So vergingen die Wochen und Monate, und ich hatte diese seltsame Art der Kommunikation schon fast vergessen. Eines Tages durchstöberte ich meine LinkedIn-Kontaktliste und fand dort mein ehemaliges Gegenüber, das sich nie wieder bei mir gemeldet hatte.

Er arbeitete auch nicht mehr für diese Firma! Und er hatte auch sein eigenes Unternehmen gegründet. Ich beschloss, ihm keine Nachricht zu schicken, da ich seine Reaktion auf unsere letzte Konversation immer noch nicht verstand, und ich wollte nicht, dass ich an all das Nachdenken und die Selbstkritik erinnert wurde, die zu dieser Zeit in meinem Kopf vor sich ging.

Wenn man sich das Profil von jemandem auf LinkedIn anschaut, bekommt er einen Hinweis, dass man sein Profil besucht hat. Es dauerte also nicht lange, bis ich eine Nachricht von diesem Typen in meinem Posteingang erhielt. „Hey, ich habe dich lange nicht mehr gesehen.

Wie läuft's denn so? Willst du nicht mit mir zusammenarbeiten? Ich brauche dringend meinen ersten Kunden ..."

Ich konnte meinen Augen nicht trauen und beschloss, meinen Computer herunterzufahren und diese Nachricht nicht zu beantworten.

Lernen ist ein Prozess

Ich bin jeden Tag erstaunt, wie viel wir als Menschen lernen. Manche Leute sagen, dass man sogar „lernen" kann, indem man nur Bücher liest. Das ist aber falsch. Wie ist das möglich?

Natürlich kannst du eine Menge durch das Lesen von Büchern und anderen Materialien lernen. Es ist nur nicht dasselbe wie das Lernen in Person oder mit jemand anderem – es ist eher eine Ergänzung deiner Wissensbasis als ein tatsächlicher Ersatz für das Lernen von etwas Neuem.

Das Leben schreibt die besten Geschichten, und ich bin der beste Geschichtenerzähler in meinem eigenen Leben. Ich war schon immer einer, zumindest in dem Sinne, dass es immer mein Job war, Geschichten durch Erfahrungen zu erzählen. Es ist nicht mein Beruf, sondern vielmehr das, was ich die ganze Zeit tue und wie ich der Welt mitteile, wer ich bin. Ich kann diesem Prozess nicht entkommen – und du auch nicht!

Du musst selbst lernen, und niemand sonst kann es für dich tun. Hätte mir jemand anderes in meinen ersten Geschäftstagen gesagt, dass selbst Menschen, die ich seit Jahren kenne, sich so unhöflich verhalten können, wenn ich zu Beginn meines Geschäfts Unterstützung brauche, dass sie sogar den Kontakt abbrechen, hätte ich ihm nicht geglaubt. Aber ich musste lernen, dass dies möglich war. Und jetzt weiß ich es. Ich habe meine eigenen Erfahrungen damit gemacht und ich habe gelernt, wie ich damit umgehen kann. Im Laufe der Zeit habe ich sogar gelernt, wie ich die Chancen, dass so etwas jemals wieder passieren könnte, reduzieren oder sogar minimieren kann.

Der beste Weg, um zu lernen, ist, Dinge selbst zu tun, ohne ständige Anleitung von anderen. Es ist gut, einen Führer zu haben, vielleicht einen Coach oder einen Mentor. Aber du musst trotzdem deine eigene Arbeit auf dem Weg durch dein persönliches Abenteuer machen. Niemand sonst kann das für dich tun.

Deine neue Sichtweise wird zu deinem neuen Standpunkt

Es gibt eine Sache, die sehr früh auf dem Weg zu deinem neuen Abenteuer passieren wird. Nicht nur, dass du in eine neue Richtung blicken wirst, ohne den Kopf zu drehen – das kennst du ja schon aus einem früheren Kapitel in diesem Buch. Auch die Menschen um dich herum werden dich anders sehen. Du stellst fest, dass du mit einem offenen Geist in etwas Unbekanntes hineinschaust; das wird dann auch die Art und Weise verändern, wie die Leute dich wahrnehmen. Du wirst also einen neuen Standpunkt einnehmen.

Mein ehemaliger Kollege, mit dem ich zusammenarbeiten wollte, hat mich deshalb nicht mehr als Kollegen wahrgenommen. Er musste mich anders sehen, auch wenn ich nur in eine andere Richtung schaute. Er sah mich als Dienstleister und so ging er mit mir um, wie es in dieser Firma üblich war, mit Dienstleistern umzugehen. Offenbar nicht auf eine nette Art und Weise mit sehr eingeschränkter Kommunikation. Aber das nennen manche Firmen einfach ihre „Kultur".

Wenn du erfolgreich sein willst, dann sollte Lernen eine Priorität in deinem Leben sein

Es gibt viele Menschen, die denken, dass sie ohne Lernen auskommen können. Sie glauben, dass ihre Fähigkeiten im Sport oder in anderen nicht-akademischen Bereichen ausreichen, um sie zu ernähren und sie vor dem Hungertod zu bewahren. Leider ist das für die meisten Menschen nicht der Fall. Wir leben in einer Welt, in der es wichtig ist, eine Fähigkeit zu haben, die einem nicht nur in die Wiege gelegt wird, sondern die man auch bereit ist, mit Zeit und Hingabe zu lernen.

Viele Menschen glauben, dass Lernen eine Zeitverschwendung ist und eigentlich keine positiven Effekte hat.

Nachdem ich mich jedoch viele Jahre lang mit dem Thema beschäftigt habe, fand ich heraus, dass es das tatsächlich tut. Wenn man Lernen nicht nur als Lesen und Studieren von Büchern betrachtet, sondern als ein kontinuierliches Ereignis des Tuns, manchmal auch des Scheiterns, wird man automatisch jeden Tag erfolgreicher sein.

Gib jedem Menschen eine Chance zu lernen

Willst du wissen, was ich meinem ehemaligen Kollegen dann doch noch auf die Nachricht geantwortet habe, die er mir nach seiner Entscheidung, selbst Unternehmer zu werden, geschickt hatte? Ich habe ihn eingeladen, darüber zu sprechen, was passiert ist, als ich ihm damals meine ersten Preisberechnungen für eine Zusammenarbeit geschickt habe. Es war ein gutes Gespräch, und ich bin froh, dass wir das klären konnten. Mittlerweile haben wir sogar einen Weg gefunden, wirklich einen Modus der Zusammenarbeit zu finden, der uns beiden hilft, Aufträge zu akquirieren und auszuführen, die wir beide unterstützen.

Kapitel 8

Die Einsamkeit bringt mich um

Wie fühlst du dich, wenn du alleine in einem Raum sitzt? Welche Gedanken gehen dir durch den Kopf? Vielleicht ein paar Gedanken wie diese: „Es fühlt sich an, als ob niemand etwas von meiner Geschäftsidee wissen will und ich in einem tiefen Loch stecke. Ich habe nicht einmal Freunde oder eine Familie, die wirklich verstehen und unterstützen, was ich tue. Es klingt eigentlich verrückt, aber die Einsamkeit bringt mich um!"

Es ist normal, das Gefühl zu haben, dass nichts gut läuft. Wenn wir uns in einer Phase des Lebens befinden, in der alles zu stagnieren scheint und es keine Möglichkeiten für Entwicklung zu geben scheint, kann es schwierig sein, das größere Ganze zu sehen. Es ist wichtig, dass wir uns daran erinnern, dass diese Perioden kommen und gehen − es sind vorübergehende Phasen. Es wird immer gute Momente geben, gemischt mit schlechten, auch wenn man sie suchen muss! Aber es muss nicht für immer so sein. Früher oder später wird es eine Phase geben, in der nichts vorwärtszugehen scheint, aber lass dich davon nicht entmutigen!

Finde deine Community

Sophie war eine der ersten Personen, die ich vor einigen Jahren als Mentorin betreut habe. Wir schicken uns immer noch gegenseitig ein paar Nachrichten auf Facebook. Und natürlich kann ich die Posts in ihrer Timeline sehen.

„Seit ich ein Kind war, habe ich immer davon geträumt, wie toll es wäre, mein eigenes Unternehmen zu gründen.", erzählte sie mir damals. „Am Anfang hatte ich große Angst, mit echten Menschen in Kontakt zu treten und über meine Idee zu sprechen. Ich wollte ihnen einfach nicht etwas präsentieren, das noch nicht gut genug war – zumindest aus meiner Sicht. Das änderte sich aber schnell, als ich entdeckte, dass auf ein Abenteuer zu gehen nicht unbedingt bedeutet, alleine zu reisen. Erst da habe ich gemerkt, wie wichtig es ist, frühzeitig Input von potenziellen Kunden zu bekommen. Und auch, wie wichtig es ist, eine Gruppe von Gleichgesinnten zu haben, die sich in einem ähnlichen Stadium der Verwirklichung ihrer Ideen befinden, wie ich es war. Das gab meinem Geist und meinem Fortschritt einen großen Schub. "

Sophie hat absolut Recht. Deine Community zu finden und zu beginnen, miteinander zu kommunizieren, ist eine der wichtigsten Quellen der Unterstützung, die du dir vorstellen kannst. Finde Menschen, die sich für dein Business interessieren und sprich mit ihnen darüber! Seien es Kunden oder Konkurrenten, Freunde, Familie oder Anfänger genau wie du. Die Chance ist groß, dass dieser Austausch für dich und auch für andere von Vorteil ist.

Stell dir einfach vor, du bist irgendwo an einem beliebigen Sommertag. Die Sonne strahlt auf den Boden und wärmt ihn.

Es gibt nicht viele Wolken am Himmel, und es scheint ein sehr guter Tag zu sein, um in die Stadt zu gehen. Du warst die letzten Tage wegen einer Erkältung eingesperrt, aber du fühlst dich besser und möchtest etwas frische Luft schnappen.

Du gehst die Treppe hinunter mit dem Telefon in der Hand und versuchst herauszufinden, wen du anrufen kannst, um dir etwas Gesellschaft zu leisten, denn du weißt, dass es in der Stadt mit Freunden viel mehr Spaß macht. Und genau so ist es mit Abenteuern!

Nun, die Sache ist die, dass du selbst dein Abenteuer erst vor kurzem begonnen hast. Es hat sich herausgestellt, dass sich so viele Dinge für dich verändert haben. Die Menschen um dich herum haben sich noch nicht an deine neue Sichtweise gewöhnt. Alles ist anders und fühlt sich noch nicht so solide an. Manchmal hast du selbst das Gefühl, genau zwischen zwei verschiedenen Welten zu sein. Nicht festgefahren, aber irgendwie ein bisschen einsam und vielleicht desorientiert.

Das ist ein häufiges Problem für Abenteurer/innen. Wenn du dich so fühlst, ist es an der Zeit, Gleichgesinnte zu finden, die dir helfen können, dein Business mit dir wachsen zu lassen!

Du könntest versuchen, einer Gruppe beizutreten. Es gibt eine Menge Gruppen auf Social-Media-Plattformen wie Facebook und LinkedIn. Es gibt auch eine spezielle Gruppe für Abenteurer/innen, die ich gegründet habe. Es könnte sich lohnen, einen Blick darauf zu werfen – auch wenn du dein eigenes Abenteuer noch nicht begonnen hast!

Beteilige dich an Diskussionen mit aktiven Abenteurern und sogar angehenden Unternehmern, sogar in deiner Branche oder Nische. So hast du die Möglichkeit, von ihren Erfahrungen zu lernen und ihnen zu helfen, wenn sie Ratschläge für Herausforderungen brauchen, die sie noch nicht kennen. Das funktioniert auch schon, bevor du den ersten Schritt in dein eigenes Abenteuer machst.

Beginne dein Abenteuer noch heute

Trete einfach der Facebook-Gruppe „Beginne dein Abenteuer" mit diesem Link bei:

http://beginnedeinabenteuer.de/facebook-gruppe/

Du wirst zu der entsprechenden Gruppe auf Facebook weitergeleitet. Du kannst dieser Gruppe sofort beitreten und damit beginnen, dich kurz vorzustellen, wenn du Lust dazu hast. Jede/r wird sich freuen, dich dort willkommen zu heißen.

Sei verletzlich und bitte um Hilfe

Ich muss ein Geständnis machen. Ich bin schrecklich darin, um Hilfe zu bitten. Ich bin zwar der Gründer mehrerer Unternehmen. Ich bin aber nicht wirklich sicher darin, wie man um Hilfe bittet, was dazu geführt hat, dass ich einige schlechte Entscheidungen in meinem Leben und meiner Arbeit getroffen habe.

Ehrlich gesagt fühlt es sich wie ein Eingeständnis des Versagens an, denn es bedeutet zuzugeben, dass man etwas nicht alleine schaffen kann. Es ist in uns Menschen fest verdrahtet zu denken, dass wir alle Antworten haben und autark sind. Aber manchmal gibt es Dinge, bei denen wir einfach Hilfe brauchen – um nach Rat zu fragen oder jemanden speziell dafür zu engagieren, uns zu helfen.

Aber während der ersten Schritte meines persönlichen Abenteuers habe ich eine Menge gelernt, auch darüber, wie man um Hilfe bittet.

Es gibt eine Menge Dinge, von denen ich keine Ahnung habe. Aber das hält mich nicht davon ab, Fragen zu stellen, und das nicht nur, weil es höflich ist, dies zu tun. Es stellt sich heraus, dass Unwissenheit kein Glück ist: Unwissenheit ist der Tod von Neugier und Einsicht. Und für jemanden, der es liebt, neue Dinge zu lernen, kann das eine wirklich traurige Sache sein.

Es ist nicht so, dass ich nicht fragen will, es ist nur so, dass ich mich wie ein Idiot fühle, wenn ich es tue. Auch nach mehreren Jahren, die ich nun schon mein eigenes Unternehmen führe. In der Startup-Welt, egal wie gut deine Idee ist, wird es immer jemanden geben, der dir sagt, dass sie scheitern wird. So what? Am Ende ist es nur ihre Sicht der Dinge!

Beginne dein Abenteuer noch heute

Das solltest du gleich beim ersten Schritt in dein eigenes Abenteuer tun:

1. Bitte um Hilfe, wenn du sie brauchst

2. Habe keine Angst, Fragen zu stellen

3. Beginne ein Gespräch mit jemandem, der / die freundlich und ansprechbar erscheint

4. Übe das Stellen von Fragen, vielleicht sogar vor dem Spiegel, bis du dich sicherer fühlst

5. Finde einen Freund oder ein Familienmitglied, das bereit ist, mit dir zu üben

Ein guter Weg zum Üben ist ein sicherer Ort mit Gleichgesinnten, die die gleichen oder ähnliche Ziele mit dir teilen. Vielleicht möchtest du die Facebook-Gruppe ausprobieren, die ich gerade oben erwähnt habe.

Es mag Zeiten geben, in denen dir dein Stolz in die Quere kommt und alle Logik aus dem Fenster fliegt. Und dann gibt es Zeiten, in denen es sich anfühlt, als wäre ein Gewicht von deinen Schultern genommen worden. Ich bin mir sicher, dass du dieses Gefühl auf einer gewissen Ebene nachempfinden kannst, vielleicht sogar ganz und gar.

Es ist schwer, uns zu outen und unsere Schwächen zuzugeben. Wir denken oft, dass wir dadurch vor anderen inkompetent wirken, aber eigentlich ist genau das Gegenteil der Fall.

Teile deine Geschichte mit anderen, um ein Netzwerk aufzubauen

Das Gute daran ist, dass wir nicht allein sind! Es gibt tonnenweise erfolgreiche Unternehmer/innen, die mit ihren eigenen Gefühlen der Verwundbarkeit kämpfen, und sie haben auch einige großartige Strategien entwickelt, um sie zu überwinden.

Scheue dich nicht, andere um Hilfe zu bitten, besonders wenn du gerade erst anfängst!

Kapitel 9

Was passiert, wenn du nichts isst?

Wir alle kennen das Gefühl. Es ist ein Sonntagabend und du hast keine Ideen für ein Abendessen. Du öffnest deinen Kühlschrank und er ist leer, bis auf ein paar Reste, die ihre besten Zeiten hinter sich haben, oder ein paar Dosen Cola, die nur darauf warten, weggeworfen zu werden. Was kochst du dir jetzt nur?

So muss es nicht sein! Es gibt immer etwas in deiner Küche, das sich in ein Abendessen verwandeln lässt, selbst wenn das bedeutet, dass du zum dritten Mal in einer Woche Toast mit Marmelade isst.

Macht dich das glücklich? Möglicherweise nicht. Aber du wirst nicht mehr hungrig sein. Andernfalls wird dein Magen knurren und du wirst ziemlich bald Kopfschmerzen bekommen. Du wirst für längere Zeit nicht in der Lage sein, klar zu denken oder etwas zu tun. Du könntest Schwierigkeiten beim Atmen haben, dich schwindelig fühlen oder nicht mehr klarsehen können und diese Spirale würde sich immer weiterdrehen, bis es zu spät ist, sie aufzuhalten. Und das alles begann mit einem leeren Kühlschrank.

Ein Abenteuer ist immer eine lebensverändernde Erfahrung

Ein Abenteuer ist eine fortlaufende Reise durch Selbstentdeckung und Veränderung. Es kann dich auf Wege führen, von denen du vorher nicht einmal erwartet hast, dass sie existieren. So wie Peter, ein 35-jähriger Gründer, den ich erst dieses Jahr zu coachen begonnen habe.

An diesem einen Tag saß Peter an seinem Schreibtisch und starrte auf den Laptop-Bildschirm. Es war etwas mehr als ein Monat vergangen, seit er sein Geschäft gestartet hatte, und es lief nicht gut. Die Zahlen passten einfach nicht zusammen. Er klickte auf die Ausgabenliste, in der Hoffnung, dass sie ihm ein paar Antworten geben würde, aber es war keine einzige zu finden. Peter wurde frustriert und schloss den Laptop mit mehr Kraft als nötig. „Was soll ich nur tun?“, dachte er laut, während er sich frustriert die Schläfen rieb.

Peter wusste nicht mehr, was er tun sollte. Er hatte seine Mittagspause an diesem Tag im Park verbracht, meist nur sitzend und auf den Boden starrend.

Es ist ein weit verbreiteter Traum, sein eigenes Geschäft zu haben. Für viele Menschen ist es ein lebenslanges Ziel, und es erfordert Hingabe und harte Arbeit. Aber die Belohnungen sind es wert! Du kannst die Kontrolle über dein Leben auf eine Weise übernehmen, die du nie für möglich gehalten hättest und jeden Tag das tun, was du liebst. Ist dieser Traum etwas, das dich anspricht?

Dennoch können die Zeiten hart sein, wenn du dich entscheidest, dein eigenes Unternehmen zu gründen.

Bei der aktuellen Lage unserer Wirtschaft ist es für viele Menschen ein risikoreiches Unterfangen und sie wissen vielleicht nicht, was sie als nächstes tun sollen.

Die ständige Anpassung an die Bedürfnisse der Kunden ist das, was dich erfolgreich hält

Ich würde nichts anderes auf dieser Welt tun wollen, als mein eigenes Unternehmen zu führen – auch wenn die Zeiten manchmal extrem herausfordernd sind. Ständige Anpassung ist unerlässlich, wenn man als Unternehmen erfolgreich sein will, und was könnte je befriedigender sein?

Peters Freund Marc war auch dort draußen im Park. Sie waren beide schon seit einigen Jahren befreundet. Aber Marc schien es viel besser zu gehen als Peter – er sah glücklich und zufrieden aus, nicht deprimiert, wie Peter sich fühlte. Als Marc sah, wie niedergeschlagen er war, begann er nach einem Weg zu suchen, ihm aus dem Schlamassel zu helfen.

„Hey Mann", sagte Marc, als sie zusammen auf einer Bank neben einem leeren Spielplatz mit abgeplatzter Farbe saßen. „Was ist los mit dir?" Peter brauchte dringend Hilfe. Also erzählte er Marc von seiner Situation und wie sie ihm helfen konnten, sie auf irgendeine Weise zu erleichtern. „Ich weiß nicht, warum meine Kunden weggehen. Sie wollen einfach kein Geld mehr für meine Produkte ausgeben. Ich verstehe das nicht!"

„Oh, ich verstehe", sagte Marc. „Lass uns das ein bisschen genauer ansehen." Schnell entfaltete sich eine intensive Diskussion. Beide versuchten, sich in die Gedankenwelt von Peters Kunden hineinzuversetzen. Nach einiger

Analyse kam die Idee auf, Peter zu helfen, indem er mehr darauf achtete, was die Kunden brauchen, indem er ihnen zuhörte. Aber er redete nicht genug mit ihnen.

„Du musst herausfinden, was deine Kunden dazu bringt, von deinem Angebot fernzubleiben. Warum fragst du sie nicht einfach?", schlug Marc vor. „Einfacher geht es doch gar nicht, oder?"

Peter konnte gar nicht glauben, dass er nie an diesen Ansatz gedacht hatte.

Er war so verliebt in die Optimierung seiner Website und seines Onlineshops gewesen, dass er sogar die persönliche Interaktion mit seinen Kunden vergessen hatte. „Vielen Dank, Kumpel! Du hast mein Leben gerettet! Ich glaube, das wird meinen Kühlschrank wieder auffüllen." Peter ging sofort nach Hause und schickte ein paar E-Mails an einige seiner Kunden, um ihr Feedback zu bekommen.

Als Abenteurer/in solltest du die Bedürfnisse der Menschen kennen und wissen, was sie wollen. Wenn du nicht auf ihre Wünsche und Bedürfnisse achtest, dann wird es für dich schwierig sein, die richtigen Entscheidungen zu treffen. Bedürfnisse sollten die meisten deiner Entscheidungen leiten. Als Abenteurer/in und hoffentlich angehende/r Unternehmer/in solltest du immer im Hinterkopf behalten, dass ein Geschäft am Ende des Tages nur so gut ist, wie seine Kunden denken, dass es gut ist.

Der Beginn deines eigenen Unternehmens ist von vielen Veränderungen geprägt. Du musst in der Lage sein, mit allem umzugehen, was mit dem Start deines eigenen Abenteuers einhergeht. Die gute Nachricht ist, dass es Ressourcen gibt, die dir beim Start helfen können, damit du keine Probleme hast, wie es andere Abenteurer/innen hatten!

So stellst du sicher, dass in deinem Kühlschrank immer mehr zu essen ist als ein paar Dosen Cola und ein paar Reste von den Vortagen.

Kapitel 10

Und plötzlich wird es hell

Es ist schwer zu beschreiben, wie es sich anfühlt, wenn die Dunkelheit einen erdrückt und man an einem dunklen Ort festsitzt, der einen einfach nicht loslässt. Es ist etwas, das jeder schon einmal gefühlt hat – eine Zeit, in der es nirgendwo Licht gab.

Das Frustrierende an der Dunkelheit ist, dass sie sich anschleichen kann und bevor man sich versieht, wird die Welt schwarz. Aber selbst in der dunkelsten Dunkelheit gibt es immer Licht. Und es ist eine der befriedigendsten Erfahrungen, die du als Abenteurer/in machen kannst: Du warst schon einmal unten – doch das Licht wird kommen. Das tut es immer. Und wenn es kommt, wirst du bereit dafür sein, mit einer neuen Perspektive und erneuerter Energie, die dir helfen wird, mehr zu strahlen als je zuvor.

Ich weiß, wie es sich anfühlt, während eines Abenteuers den Weg zu verlieren, und ich möchte dir helfen, dich wieder auf den richtigen Weg zu bringen, damit eines Tages bald wieder das Licht kommt und alles wieder gut wird, wenn du auf deinem Weg weitergehst!

Auch abseits der Straße kannst du etwas Nützliches lernen

Auf den staubigen Feldwegen kann man viel lernen.

Wusstest du das? Das Geräusch eines Automotors ist im freien Gelände anders als auf asphaltierten Straßen. Das kann dir beim Einparken deines Fahrzeugs oder beim Manövrieren durch enge Stellen beim Fahren im Gelände helfen. Du könntest auch feststellen, dass Unebenheiten und Senken die Federung anders beeinflussen: Wenn zum Beispiel ein Rad zuerst auf ein Hindernis trifft und dann höher aufspringt, im Gegensatz zu beiden Rädern, die gleichzeitig auftreffen, wie es auf dem Asphalt der Fall ist (z.B. bei Schlaglöchern), solltest du deine Geschwindigkeit entsprechend anpassen! Es kann auch Stellen geben, an denen Bäume so tief hängen, dass sie beim Überfahren Äste auf andere Hindernisse werfen – was bedeutet, dass schmale Lücken zwischen den Baumstämmen zur Gefahr werden, auch wenn der Boden darunter so aussieht ...

STOPP!

Warum reden wir hier über Autos? Behalte den Fokus!

Okay, wir sind gerade ein bisschen vom Weg abgekommen. Wir wurden von unserem Weg in diesem Buch abgelenkt und haben uns ein wenig verlaufen. Aber jetzt haben wir das gerade gemerkt und können wieder zu unserem ursprünglichen Thema zurückkehren. Die Szene mit dem Auto wirst du allerdings nie wieder vergessen... Naja, zumindest so in der Art könnte es dir auch passieren, wenn du etwas vom Weg abdriftest und dich darin verlierst.

Ja, Abenteuer können hart sein. Das hast du ja gerade im vorherigen Kapitel gelesen. Sie können so hart sein, dass du vielleicht nicht einmal mehr in der Lage bist, dein Essen zu bezahlen. Das Gute daran ist: wenn es so weit kommt (und es muss NICHT so weit kommen – aber selbst wenn), kannst du etwas extrem Wertvolles lernen: wie du mit deinen eigenen Ängsten umgehen kannst!

Versuche nicht, furchtlos zu sein

Versuche nicht, furchtlos zu sein. Das ist eine sinnlose und unmögliche Aufgabe. Wir alle haben Angst vor etwas, manche mehr als andere. Aber das Wichtigste ist, dass wir uns nicht von unseren Ängsten kontrollieren lassen. Stattdessen können wir mit der Zeit sogar von Erfahrungen profitieren, die uns Angst gemacht haben.

Vielleicht möchtest du diese kleine Übung ausprobieren, während du dieses Buch weiterliest:

Beginne dein Abenteuer noch heute

Es ist Zeit für eine Übung.

Deine Vergangenheit macht dich stark.

Teil 1 – Stell dir eine Situation aus der Vergangenheit vor, an die du dich noch erinnern kannst. Es muss etwas sein, das einen großen Einfluss auf dein Leben hatte. Es sollte sich anfühlen, als wäre es damals eine echte Herausforderung für dich gewesen.

Achte darauf, dass dieses Ereignis nicht in der jüngsten Vergangenheit stattgefunden hat. Es sollte für dich gut vorbei sein, so dass du nicht mehr zu viel darüber nachdenken und es verdauen musst.

Hast du etwas gefunden? Dann kannst du mit dieser Übung weitermachen.

Teil 2 – Wenn du jetzt über die Konsequenzen dieses Ereignisses nachdenkst, das du gerade aus heutiger Sicht gewählt hast:

Identifiziere die positiven Konsequenzen, die diese Erfahrung auf dich und dein Leben hatte!

Wie würdest du einer anderen Person, die nicht weiß, was dir passiert ist (und du erzählst ihr nicht, was passiert ist), beschreiben, welche Vorteile du aus dieser Situation ernten konntest?

Nimm dir ein paar Minuten Zeit, um deine Gedanken und Erkenntnisse zu notieren. Identifiziere, wie du deine Stärken genutzt hast, um diese Herausforderung damals zu meistern.

Du kannst die Welt erkunden

Abenteurer/innen haben die einzigartige Chance, die Welt zu erkunden und zu sehen und zu erleben, wie sie tickt. Sie sind Kulturen, Menschen und Möglichkeiten ausgesetzt, die die meisten nie erleben werden. Sie können so viele Entdeckungen machen und selbst an den schwierigsten Situationen wachsen.

Auf ein Abenteuer zu gehen, macht dich frei

Das Wort „Abenteuer" hat etwas an sich, das dir das Gefühl gibt, über der Welt zu stehen. Du kannst der Realität entfliehen und einfach alles sein, was du sein willst, ohne irgendwelche Konsequenzen. Dieses Gefühl will ich in diesem Buch versuchen, zu vermitteln. Das bedeutet nicht, dass du alles hinter dir lassen musst. Es beginnt alles mit einem einfachen ersten Schritt. Und es gibt weitere Schritte, die auf dem Weg folgen.

Du kannst mit einer Geschwindigkeit gehen, die für dich angenehm ist. Du kannst eine Pause machen, wann immer du sie brauchst. Und du kannst mit jedem einzelnen Schritt entscheiden, in welche Richtung du gehen willst. Du hast die volle Kontrolle – immer!

Angst wird dein Freund

Es gibt viele Dinge, die Menschen im Leben fürchten. Manche Ängste kennen wir und manche nicht. Das sollte dich nicht davon abhalten zu handeln. Tatsächlich solltest du dich entscheiden zu handeln! Die meisten unserer Ängste sind irrational.

Fühle dich eingeladen, etwas Neues zu erforschen, wenn du Angst vor einer Situation bekommst. Nimm dir die Zeit, die du brauchst, aber gib die Chance nicht auf, etwas Neues zu lernen.

Du kannst so viel davon profitieren, wie du es dir vorher nicht einmal vorstellen konntest.

Indem du dich selbst mit jedem einzelnen Schritt besser kennenlernst, wird dein Selbstvertrauen deutlich wachsen, so dass du dir selbst besser vertrauen kannst.

Du wirst sogar Situationen leichter meistern, in denen du dich extrem unwohl fühlst. Nur ein/e Abenteurer/in bekommt die Chance, dies zu erleben und zu lernen.

Nutze das was du hast maximal

Ich bin ein Ingenieur. Das, was mich am meisten antreibt, ist, die Menschen dazu zu bringen, das, was sie haben, maximal zu nutzen. Ich bin so voller Ideen, dass ich nicht alles ausprobieren kann, was in meinem Kopf ist. Sonst müsste ich eine Bank besitzen, damit ich all das Geld ausgeben kann, das ich brauche, um meine Ideen zu verwirklichen.

Unsere Ressourcen sind begrenzt. Du hast nur 24 Stunden an einem Tag, mehr oder weniger Geld auf deinem Bankkonto und in deinem Gehirn ist einiges an Wissen und Erfahrung vorhanden. Das willst du so effizient wie möglich nutzen. Es gibt keinen Grund, deinen Job zu kündigen! Es ist eine Frage, wie du die wenige Zeit, die du neben deinen anderen Verpflichtungen hast, so effizient wie möglich nutzen kannst. Und das ist möglich, sogar in deinem Kalender. Du musst nur anfangen, die Zeitfenster, die du nutzt, auszugraben und mit ausgeklügelten Tools zu schützen, um das Beste für dein Abenteuer herauszuholen.

Unabhängig sein macht dich glücklicher

Wir alle haben unsere Pflichten und wir träumen davon, frei zu sein. Man könnte es mit der Freiheit auch übertreiben und alle Pflichten aufgeben. Meistens ist das nicht möglich.

Aber jeder von uns hat ein Potenzial, freier zu sein als heute. Wenn du es schaffst, deine Freiheit zu vergrößern, wirst du einen riesigen Gewinn an Glück erleben.

Jeder Schritt deines Abenteuers, der dich in diese Richtung führt, wird dir mehr und mehr bewusst machen, dass das Leben gut ist, und es kann sogar besser sein als heute.

Du musst nicht leiden, um dich motiviert zu fühlen, in dein Abenteuer zu gehen. Alles beginnt mit einem Traum, den du verwirklichen möchtest und dich entscheidest, den ersten Schritt zu tun.

Du wirst dich durchsetzen

„Es sind die dunkelsten und schwierigsten Zeiten, in denen wahre Helden auftauchen. Manchmal sind sie unter uns versteckt, aber manchmal kommen sie von weit her, um uns zu retten."

Du, mein/e Freund/in, hast es bis hierher geschafft. Du bist stärker als du denkst!

Es ist an der Zeit, dass die Dinge in eine neue Richtung führen.

Mach den ersten Schritt!

Kapitel 11

Furchtlos zu sein ist möglich

Der beste Weg, die Welt kennenzulernen, ist, sie mit den eigenen Füßen zu erkunden. Und es gibt keinen besseren Zeitpunkt als jetzt!

Jetzt sofort!

Egal in welchem Alter: man kann Risiken eingehen, um herauszufinden, was einen wirklich glücklich macht – oder ob es das überhaupt tut! Es ist vor allem eine Frage, wie man diese Risiken managt und mit ihnen umgeht.

Fange noch heute an, deine Träume zu verwirklichen!

Wenn sich das nach etwas anhört, das dich interessiert, dann bin ich für dich da, denn Reisen ist meine Leidenschaft und ich möchte, dass alle anderen, die diese Liebe mit mir teilen, all die wunderbaren Dinge erleben können, die dieses Leben für sie bereithält.

Es sind nur drei Schritte nötig, um zu beginnen

Ich werde dir zeigen, wie einfach es ist, dein Abenteuer zu beginnen. Es sind nur drei Schritte nötig!

1. Nutze, was du besonders gut kannst

> Du kannst etwas besonders gut, denn du hast ganz individuelle Stärken! Dabei geht es nicht um eine besondere Fähigkeit, die du gelernt hast, oder die dir besonders leicht von der Hand geht. Es geht um deine Persönlichkeit.

Was wir gemeinsam mit Adventure Insights tun können:

- Ich zeige dir, wie du deine persönlichen Stärken entdeckst.
- Du lernst, wie du deine Stärken sofort und wirksam einsetzt, um erfolgreich auf dein eigenes Business zugehen zu können.
- Du entdeckst, dass deine Stärken dich besser über Niederlagen hinwegtragen werden und dich auch schon darüber hinweggetragen haben.
- Wir entwickeln gemeinsam deine Vision für deine neue Tätigkeit, die du mit deinen Stärken spielerisch realisieren kannst.
- Du wirst mehr Vertrauen in deine Kraft gewinnen, um dein Vorhaben durchzuführen – egal wie abenteuerlich es für dich ist.

2. Schaffe dir Freiräume für dein Abenteuer

> Wenn du angestellt bist, hast du viele Verpflichtungen.
> Und vielleicht hast du auch noch eine Familie, Hobbies
> oder etwas anderes, das deine Zeit beansprucht. Und
> trotzdem hast du Zeit, deine eigene Business-Idee auf
> die Welt zu bringen!

Was wir gemeinsam mit Adventure Insights tun können:

Entdecke die vielen Möglichkeiten, die dir mehr Freiheit geben, um Schritt für Schritt deine Idee umzusetzen.

Du lernst, wie du einen Plan entwickelst, der dir permanent Halt und Vertrauen geben wird, um an deiner Business-Idee dranzubleiben.

Gemeinsam entwickeln wir für dich ein passendes Framework, mit dem du jeden Monat, jede Woche und jeden Tag an deiner Idee arbeiten kannst.

Du trainierst, wie du dein Abenteuer zu einer Gewohnheit machst, die dir mit viel Spaß und Freude locker von der Hand gehen wird.

Du wirst deinen Handlungsspielraum spürbar erweitern und immer mehr ausbauen.

3. Fokussiere auf die wichtigen Dinge

> An einem normalen Arbeitstag passiert viel und es gibt
> viele Möglichkeiten sich abzulenken. Je weniger ein Job
> zu dir passt, desto mehr wünscht du dir ihn
> loszuwerden. Das ist gut für dich! Denn es gibt etwas,
> womit du dich viel mehr beschäftigen möchtest.

Was wir gemeinsam mit Adventure Insights tun können:

- Du lernst, wie du den Fokus auf dein neues Geschäftsvorhaben behältst.
- Du trainierst, kontinuierlich an der Umsetzung deines neuen Business zu arbeiten.
- Du erfährst, wie du dein Vorgehen immer wieder verbesserst und wirksamer gestaltest, um Schritt für Schritt erfolgreicher zu werden.
- Gemeinsam finden wir heraus, was dich noch stärker und noch konsequenter auf deinen wirklichen Fokus blicken lässt, damit du dein Glück mit deinem selbst gestalteten Business findest.
- Du wirst mit deinem individuell erarbeiteten Vorgehen auch viele weitere Abenteuer meistern können, die dir in Zukunft noch begegnen werden.

Es ist einfacher, in Begleitung zu reisen

Es ist viel einfacher zu reisen, wenn du einen Begleiter hast. Das nimmt den Druck weg, zu wissen, was in deiner Umgebung vor sich geht, gibt dir jemanden, mit dem du über alles reden kannst, was bisher passiert ist und entlastet dich vom Stress des Alleinreisens.

Klingt sinnvoll, oder?

Aus diesem Grund habe ich mein Angebot entworfen, das dir hilft, mit deinem Abenteuer zu beginnen.

Ich nenne es „**Adventure Insights**" –
adventureinsights.com.

Adventure Insights ist ein Mentoring-Programm, ein Online-Kurs und eine Community von Abenteurern, die die ersten drei Schritte ihres Abenteuers gehen. Der erste Schritt ist, deine

Stärken zu entdecken. Der zweite Schritt ist zu lernen, wie du mehr Zeit aus deinem Kalender herausholen kannst, um mit deinem Abenteuer zu beginnen. Und der dritte Schritt ist, wie du deine Abenteuermaschine am Laufen hältst.

Ich kann dir bei allen drei Schritten helfen! Wenn du mehr Details über das Programm wissen willst, gehe einfach auf

http://beginnedeinabenteuer.de/mentor/

Oder scanne diesen QR-Code:

Und verbinde dich auch mit mir auf Facebook und LinkedIn:

https://www.facebook.com/tobytde

https://www.linkedin.com/in/tobias-theel/

Jetzt ist der richtige Zeitpunkt

Wenn du dich immer noch fragst, ob dies der richtige Zeitpunkt ist, um dein Abenteuer zu beginnen, kann ich dir sagen, dass es das ist! Es ist nie zu früh und nie zu spät. Was du während deines Abenteuers lernst, kannst du in jeder Situation und zu jeder Zeit in deinem ganzen Leben anwenden!

Willst du deinen Traum verwirklichen?

Vielleicht träumst du von deiner eigenen Firma, deinem eigenen Business oder von einem eigenen Nebengeschäft neben deinem Job? Dann bist du auf der Suche nach einem Abenteuer und mit diesem Angebot ist es möglich, den ersten Schritt zur Erfüllung dieses Traums zu gehen.

Willst du produktiver sein, weniger Stress haben und ein besseres Selbstwertgefühl?

Wenn ja, dann ist dieses Angebot für dich! In diesem Kurs werden wir darüber sprechen, wie du dir selbst aus dem Weg gehst, wenn es darum geht, Ziele zu setzen. Es geht um die negativen Gedanken, die dich vielleicht davon abhalten, dein volles Potential zu erreichen und wie du sie mit positiven Handlungsschritten überwinden kannst.

Und solltest du dich gerade etwas unzufrieden mit deinem Job fühlen und wissen wollen, was du tun kannst, um in deinem Beruf glücklicher zu werden, kann dieses Angebot auch für dich von hohem Wert sein.

Es gibt keinen Grund zu warten: die Bühne gehört dir! Hier ist noch einmal der Link:

http://beginnedeinabenteuer.de/mentor/

Oder scanne diesen QR-Code:

Wenn du langsam anfangen willst, solltest du meiner Facebook-Gruppe beitreten – sie ist kostenlos:

http://beginnedeinabenteuer.de/facebook-gruppe/

Ich wünsche dir alles Gute für dein Abenteuer! Und ich hoffe, dass wir uns wiedersehen.

Bis bald!

Dein

Ich begleite dich durch dein Abenteuer

Tobias Theel ist ein Diplom-Ingenieur, der sich nach einer erfolgreichen Karriere für den Ausstieg aus dem Karriere-Hamsterrad entschieden hat.

Er war für über 7 Jahre Innovationsmanager, Vorstandsassistent eines Airline-CEOs, Management-Trainee und Leiter eines internationalen Prozessmanagement-Teams bei der Lufthansa.

2016 gründete er in Berlin und im Web sein drittes Unternehmen, die Innoversität, mit der er Menschen und Organisationen hilft, bessere Innovationsteams zu werden.

Mit seinem vierten Unternehmen, Adventure Insights, teilt Tobias seine Erfahrungen aus seinem Berufsleben mit anderen, damit sie von ihm lernen können!

Wenn du mehr über sein Angebot wissen willst, gehe einfach auf

http://beginnedeinabenteuer.de/mentor/

und sende ihm eine Nachricht, wenn du weitere Fragen hast.

Oder scanne diesen QR-Code:

Vielleicht möchtest du dich auch mit ihm verbinden

auf Facebook:

https://www.facebook.com/tobytde

und auf LinkedIn:

https://www.linkedin.com/in/tobias-theel/